## 글 배성호

드넓은 세상에서 아이들이 건강하고 행복하게 자라길 바라는 초등학교 선생님입니다.
초등 사회 교과서 집필위원과 전국초등사회교과모임 공동 대표를 맡고 있으며, 팟캐스트 〈별별 경제 이야기〉를 진행하고 있습니다.
지은 책으로는 『우리가 박물관을 바꿨어요!』, 『수다로 푸는 유쾌한 사회』, 『더불어 사는 행복한 경제』,
『우리나라가 100명의 마을이라면』이 있으며, 함께 쓴 책으로 『두근두근 한국사 1, 2』가 있습니다.

## 글 변상철

지나간 과거의 시간을 좇는 일을 하고 있습니다. '나눔의 집'에서 역사관 연구원으로 근무하며
일본군 위안부 피해자 분들의 이야기를 편집하였고, '국정원 진실위원회'에서 조사관으로 일했습니다.
현재는 '지금여기에'라는 시민단체 활동과 서울KYC(한국청년연합)에서 평화길라잡이로 활동하며
서대문형무소역사관에서 해설을 하고 있습니다. 지은 책으로는 『인권을 먹다』가 있습니다.

## 그림 오승민

『꼭꼭 숨어라』로 2004년 국제 노마콩쿠르 가작을 수상했고,
『아깨비의 노래』로 2009년 볼로냐 국제도서전 한국관 일러스트레이터로 선정되었습니다.
그림책 『서울』, 『찬다 삼촌』, 『왕할아버지 오신 날』, 『호랑이를 탄 엄마』, 『주차 금지』 등에 그림을 그렸습니다.

### 서대문형무소역사관을 찾아서

초판 1쇄 발행 2018년 12월 3일
초판 2쇄 발행 2019년 5월 15일
글쓴이 배성호, 변상철 | 그린이 오승민
펴낸이 김병주 | 출판부문대표 임종훈 | 주간 이하영
편집 이원주, 박현조 | 디자인 조은화
마케팅 박란희 | 펴낸곳 에듀니티
등록 2009년 1월 6일 제300-2011-51호
주소 서울특별시 서대문구 연희로2길 76 한빛빌딩 A동 4층
도서문의 070-4342-6110
일원화구입처 031-407-6368 ㈜태양서적

ISBN 979-11-85992-92-1 (73300)
값 12,500원

이 책은 저작권법에 따라 한국 내에서 보호를 받는 저작물이므로 무단 전재 및 복제를 금합니다.
이 책의 국립중앙도서관 출판시도서목록(CIP)은 www.nl.go.kr/ecip에서 이용하실 수 있습니다.

대한민국 박물관 상상하기

# 서대문형무소역사관을 찾아서

글 배성호·변상철 | 그림 오승민

에듀니티

## 서대문형무소역사관에 오신 것을 환영합니다.

  서대문형무소는 1908년부터 1987년까지 80년간 감옥이었습니다. 그런데 사람들을 가두던 무시무시한 곳의 역사를 왜 알아야 할까요? 서대문형무소는 단순한 범죄자 수용시설이 아니었습니다. 일제강점기 독립운동가와 해방 후 민주화운동가 들이 수감되었던 역사의 현장입니다. 한국 근현대사의 굴곡진 역사를 담고 있는 이곳에서 우리는 독립운동가와 민주화 운동가의 조국을 향한 나라 사랑과 미래를 향한 희망의 의지를 볼 수 있습니다. 그래서 여러분들이 이곳에 와서 우리의 아픈 역사를 돌아보는 기회를 가졌으면 좋겠습니다.

 지금 여러분이 펼쳐든 배성호, 변상철 선생님의 『서대문형무소역사관을 찾아서』는 이곳 서대문형무소의 역사를 여러분이 잘 알 수 있도록 꾸며놓았습니다. 선생님들이 평소 추구하는 '살아있는 박물관 교육'의 의미도 온전히 담고 있습니다.

 이 책을 쓰신 배성호 선생님은 오랫동안 초등학교 교사로 재직하면서 학생들의 눈높이를 잘 알고 계시고, 변상철 선생님은 오랫동안 서대문형무소역사관 평화길라잡이 활동을 해오시면서 수많은 관람객을 만나오셨습니다. 그래서 어린이와 청소년에게 도움이 되는 중요한 내용들을 딱딱하지 않고 흥미롭게 풀어내실 수 있었던 거겠죠. 여러분들은 서대문형무소역사관에 다녀온 뒤 이 책을 읽어도 좋고 먼저 읽고 와도 좋습니다. 이곳에서 여러분이 독립운동가, 민주화 운동

가의 정신을 이해하고 이 장소를 기념하는 의미에 공감할 수 있다면 서대문형무소역사관을 지키고 가꾸는 사람으로서 큰 보람이겠습니다.

　서대문형무소역사관 주변에는 우리나라 독립운동과 관계된 다른 유적도 많이 있습니다. 가까이에는 독립문이 있고, 3.1운동을 외국에 최초로 알린 미국인 앨버트 테일러가 살던 집인 딜쿠샤도 있습니다. 서대문 사거리로 나가서 해방 후 대한민국 임시정부의 국내 청사이자, 백범 김구 선생님의 집무실이었던 경교장도 둘러보면 좋습니다. 2022년에는 서대문형무소역사관 바로 옆에 대한민국 임시정부 기념관이 문을 열 예정입니다. 서대문형무소역사관과 친숙해지세요. 앞으로 여러분은 우리나라를 알고 싶어 하는 외국인 친구들에게 이곳을 멋지게 소개할 기회가 많을 것입니다.

　배성호, 변상철 선생님의 명쾌한 설명이 큰 도움이 될 거라 생각합니다. 이 책과 함께 서대문형무소역사관에서 우리나라의 독립과 민주, 자유와 평화를 향한 외침을 마주하시길 바랍니다.

서대문형무소역사관 관장 박경목

# 탐방을 시작하며

서울 도심에 자리 잡고 있으며 지난날 감옥이었던 이곳은 유치원생을 비롯해서 전국 초, 중, 고등학생은 물론 대학생과 일반 시민 그리고 외국인도 많이 찾는 장소예요. 한 해 평균 70여만 명이 찾는 이곳에는 오늘도 수많은 사람들의 발걸음이 끊이지 않고 있어요. 과연 이곳은 어디일까요?

바로 서대문형무소역사관이에요.

왜 죄 지은 사람을 가두는 감옥이었던 이곳을 이렇게도 많은 사람들이 찾는 것일까요?

반가워요. 난 오늘 여러분의 탐방을 안내할 대박상상팀의 배 선생님이에요. 서대문형무소역사관이 과연 어떤 곳이었는지, 그리고 오늘날 우리에게 주는 의미는 무엇인지 생각해 보았으면 해요. 참, 함께 할 평화와 민주, 자유도 인사하렴.

무엇보다 이곳은 어려움 속에서도 희망을 잃지 않고 새로운 역사를 만들어나간 뜻깊은 장소이기 때문이에요. 그래서 우리나라뿐만 아니라 세계 여러 나라에서도 이곳 서대문형무소역사관을 주목한답니다.

그럼, 다 함께 서대문형무소역사관이 어떤 곳인지, 직접 그 현장 속으로 출발해 볼까요?

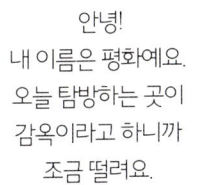

안녕!
내 이름은 평화예요.
오늘 탐방하는 곳이
감옥이라고 하니까
조금 떨려요.

안녕, 난 민주라고 해요.
오늘 탐방이 기대도 되지만,
많은 분들이 고통을 당한 곳이라니
어쩐지 좀 슬픈 느낌이 들어요.

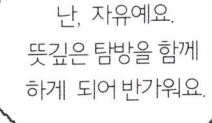

난, 자유예요.
뜻깊은 탐방을 함께
하게 되어 반가워요.

# 차례

탐방을 시작하며

**1장 서대문형무소역사관을 찾아서** ……………………… 8

독립과 민주화의 상징　10
독립 만세를 부르는 사람들　13
8월 15일과 8월 29일　16
서대문형무소의 어제와 오늘　17
서대문형무소역사박물관 탐방 순서　20

**2장 전시관 돌아보기** ……………………… 22

자유와 평화를 향한 80년 (1908~1987)　24
열강과 일제의 침략으로 위기를 맞다　26
온 나라가 감옥이 되다　28
현저동 101번지　32
자유와 평화를 위한 민주화의 산실　36
의병들의 항쟁 (1894~1910년대)　42
목숨을 건 민족정신　48
105인 사건 (1911년)　50
의열투쟁 (1908~1932년)　52
항일결사 조직과 활동　56
3·1 독립 만세 운동 (1919년)　60
문재인 대통령 제99주년 3.1절 기념사　64
추모의 방　66
대한민국 임시정부 수립 (1919년)　68
군자금 확보　70
6.10 만세 운동 (1926년)　72
원산 총파업 (1929년)　74

■ 이용시간

| 여름철 | 겨울철 |
|---|---|
| (3월~10월) 09:30~18:00 | (11월~2월) 09:30~17:00 |

■ 정기휴관일
1월 1일, 설날, 추석날, 매주 월요일(공휴일에는 다음날)

■ 이용요금

| 어른 | 청소년 | 어린이 |
|---|---|---|
| 3,000원 (단체 2,400원) | 1,500원 (단체 1,200원) | 1,000원 (단체 800원) |

■ 홈페이지 http://www.sscmc.or.kr/culture2/
■ 주소 서울특별시 서대문구 통일로 251

경성 트로이카　78
김교신과 「성서조선」 (1942년)　80
조선어학회 사건 (1942년)　82
사형장 지하 시신 수습실　84
보안과 청사 지하 고문실　86

**3장 중앙사 돌아보기** …… 92

간수 사무소　94
기록으로 보는 옥중 생활　96
형무소의 의식주　100

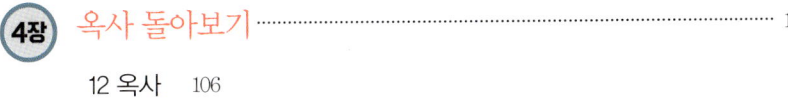

**4장 옥사 돌아보기** …… 104

12 옥사　106
11 옥사　110

**5장 공작사 돌아보기** …… 112

**6장 한센병사 돌아보기** …… 116

**7장 추모비 돌아보기** …… 117

**8장 통곡의 미루나무와 사형장 돌아보기** …… 118

**9장 시구문 돌아보기** …… 120

**10장 격벽장 돌아보기** …… 121

**11장 여옥사 돌아보기** …… 122

5호 감방　124
7호 감방　126
8호 감방　127

서대문형무소역사관을 나오며

## 1장 망루와 담장을 보니 이곳이 감옥

# 서대문형무소역사관을 찾아서

저 꼭대기 창문이 있는 건물은 뭘 하는 곳이에요?

긴 담장이 무슨 성 같아요.

창문이 있는 높은 건물은 갇힌 사람들을 감시하기 위한 망루란다. 지금은 붉은 벽돌 담장이지만 처음 지을 때는 나무기둥에 함석을 붙여서 벽을 세웠지. 1923년에 지금처럼 붉은 벽돌담이 되었어.

이곳은 서대문형무소역사관이 어떤 곳인지 상징적으로 보여주고 있어요. 높다랗고 긴 담장과 감시 시설이 있는 망루*를 한번 볼까요? 망루는 감옥에 갇힌 사람들의 탈출을 막고 행동을 감시하기 위해 설치한 것으로 그 높이가 10m나 되어요. 망루와 담장을 보니 이곳이 감옥이라는 것을 다시 한번 느낄 수 있지요?

*망루: 적이나 주위의 동정을 살피기 위하여 높이 지은 다락집(표준 국어 대사전)

# 독립과 민주화의 상징

본격적으로 서대문형무소역사관을 둘러보기 전에 잠깐 생각해 볼까요?
아래 네 인물들에겐 공통점이 있어요.

김구 (1876~1949)

유관순 (1902~1920)

김대중 (1924~2009)

문재인 (1953~현재)

김구, 유관순, 김대중 전 대통령, 문재인 대통령의 공통점은 무엇일까?

유관순 열사와 김구 선생님은 우리나라를 영원히 자신들의 식민지로 삼고자 했던 일본 제국주의에 맞서 용감하게 우리나라의 독립운동을 이끌었어요. 특히, 유관순 열사는 감옥에 갇혀있는 중에도 독립 만세를 외쳤는데 그때마다 끌려가 모진 고문을 당해 출소 3개월을 앞두고 서대문형무소에서 돌아가셨지요.

　이런 노력들로 1945년 우리나라는 독립을 맞이하게 되었어요. 그러나 해방 이후에도 이승만 독재 정권과 박정희, 전두환, 노태우 군사 정권에 맞서 민주화 운동을 했던 정치인 김대중, 학생 문재인을 비롯한 수많은 애국 시민들이 이곳 서대문형무소에 투옥되었어요.

# 독립 만세를 부르는 사람들

 이 사진에는 비밀이 있어요. 과연 이곳은 어디이고, 또 만세를 부르는 사람들은 누구일까요? 이곳은 바로 우리가 살펴보려는 서대문형무소역사관 앞이에요. 그리고 만세를 부르는 분들은 서대문형무소에 갇혔던 독립운동가들이에요. 1945년 8월 16일, 그러니까 해방된 바로 다음 날, 꿈에도 그리던 광복을 맞이해 이렇게 만세를 부르며 서대문형무소에서 종각까지 행진을 했어요.

해방의 기쁨으로 서대문 형무소 앞에서 만세를 부르는 독립운동가들

이 한 장의 사진과 어울리는 시가 있어요.

심훈 선생님이 해방의 그날을 꿈꾸며 지은 「그날이 오면」이란 시예요. 심훈 선생님도 독립운동을 하다가 서대문형무소에 갇히셨어요. 사진과 함께 이 시를 감상하며, 8월 15일 광복절의 의미를 다시 한번 되새겨 보면 좋겠어요.

그날이 오면 그날이 오며는
삼각산이 일어나 더덩실 춤이라도 추고,
한강물이 뒤집혀 용솟음칠 그날이,
이 목숨이 끊기기 전에 와주기만 할 양이면
나는 밤하늘에 날으는 까마귀와 같이
종로의 인경을 머리로 들이받아 울리오리다.
두개골은 깨어져 산산조각이 나도
기뻐서 죽사오매 오히려 무슨 한이 남으오리까.

그 날이 와서, 오오 그 날이 와서
육조 앞 넓은 길을 울며 뛰며 딩굴어도
그래도 넘치는 기쁨에 가슴이 미어질 듯하거든
드는 칼로 이 몸의 가죽이라도 벗겨서
커다란 북을 만들어 들쳐 메고는
여러분의 행렬에 앞장을 서오리다.
우렁찬 그 소리를 한 번이라도 듣기만 하면
그 자리에 거꾸러져도 눈을 감겠소이다.

(심훈, 1930년)

*육조: 고려 말기와 조선 시대, 국가의 일을 나누어 맡아보던 여섯 기관. 이조, 호조, 예조, 병조, 형조, 공조가 이에 속한다.
*인경: 조선 시대에, 통행금지를 알리거나 해제하기 위하여 치던 종.

# 8월 15일과 8월 29일

8월의 달력에는 우리나라 역사에서 중요한 날이 두 번 들어 있어요. 바로 8월 15일과 8월 29일이에요. 1945년 8월 15일은 모두가 아는 것처럼 우리나라가 일제 식민지배로부터 해방되어 나라의 주권을 되찾은 광복절이에요. 그런데, 1910년 8월 29일이 무슨 날인지 물으면 모르는 경우가 많아요. 8월 29일은 무슨 날일까요?

이날은 안타깝게도 우리나라가 일본에 주권을 빼앗긴 날이에요. 참 안타깝고 부끄러운 날이지요. 1910년 경술년에 나라를 잃은 치욕스러운 날이라서 8월 29일을 경술국치일이라고도 해요. 이날은 부끄럽고 치욕스러운 날이지만 잘못된 역사를 되풀이하지 않기 위해서 우리는 이날을 꼭 기억할 필요가 있어요.

# 서대문형무소의 어제와 오늘

지금 남아 있는 서대문형무소역사관은 일제 강점기 당시 형무소의 일부 밖에 되지 않아요. 박물관 너머 주차장 자리까지 모두 형무소 자리일 정도로 엄청나게 컸어요. 그런데 형무소를 옮기는 과정에서 예전 건물들을 많이 헐어냈어요. 원래 당시 옥사는 모두 15개 동이 있었으나 역사성과 보존 가치를 고려하여 제 9, 10, 11, 12, 13 옥사와 중앙사, 한센병사만 보존하게 되었어요. 그 중에서 제 10, 11, 12옥사와 사형장은 역사적 중요성을 인정받아 1988년 2월에 사적 324호로 지정되어 문화재보호법에 따라 보호받는 건물이 되었어요.

1908년, 처음 서대문형무소가 지어졌을 때는 나무로 만든 건물이었고, 담장은 지금처럼 벽돌담장이 아닌 나무기둥에 함석을 붙여 만들었어요. 1935년에는 수용인원이 최대 3,000명까지 늘었고, 규모도 처음의 30배 이상이 되었지요. 1945년, 해방 이후에는 서울형무소, 서울교도소, 서울구치소 등으로 명칭이 바뀌어 불리다가 1987년에는 경기도 의왕시로 새 건물을 지어 옮겨갔어요. 이후 남아 있는 건물 중 일부가 1998년에 지금의 서대문형무소역사관으로 거듭나게 되었어요.

 이곳을 없애고 공원으로 만들어 부끄러운 역사를 지우자고 주장한 사람들도 있었어요.

1930년대 서대문형무소 모습

1930년대 서대문형무소 모형

  그렇지만 많은 시민들과 역사가들은 이곳에 우리 근현대의 생생한 역사를 되돌아볼 수 있는 기념관을 지어야 한다고 했어요. 수많은 사람들의 아픔과 상처가 담긴 이곳 서대문형무소를 역사관으로 만든 것은 다시는 이런 일이 되풀이되어서는 안 되기 때문이에요.

  서대문형무소의 많은 건물들이 헐리고 없어졌지만 다행히 지금처럼 서대문형무소역사관으로 자리 잡으며 근현대의 역사를 살필 수 있게 되었어요.

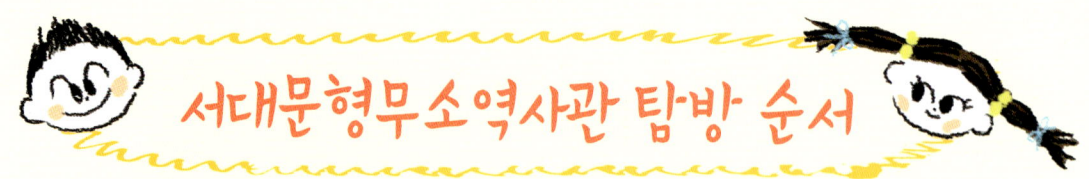

# 서대문형무소역사관 탐방 순서

서대문형무소역사관을 어떤 순서로 둘러보면 좋을까요?
전시관(옛날 보안과 청사)→중앙사→12옥사→11옥사→공작사→한센병사→추모비→사형장→시구문→격벽장→여옥사 순서로 살펴볼까 해요.

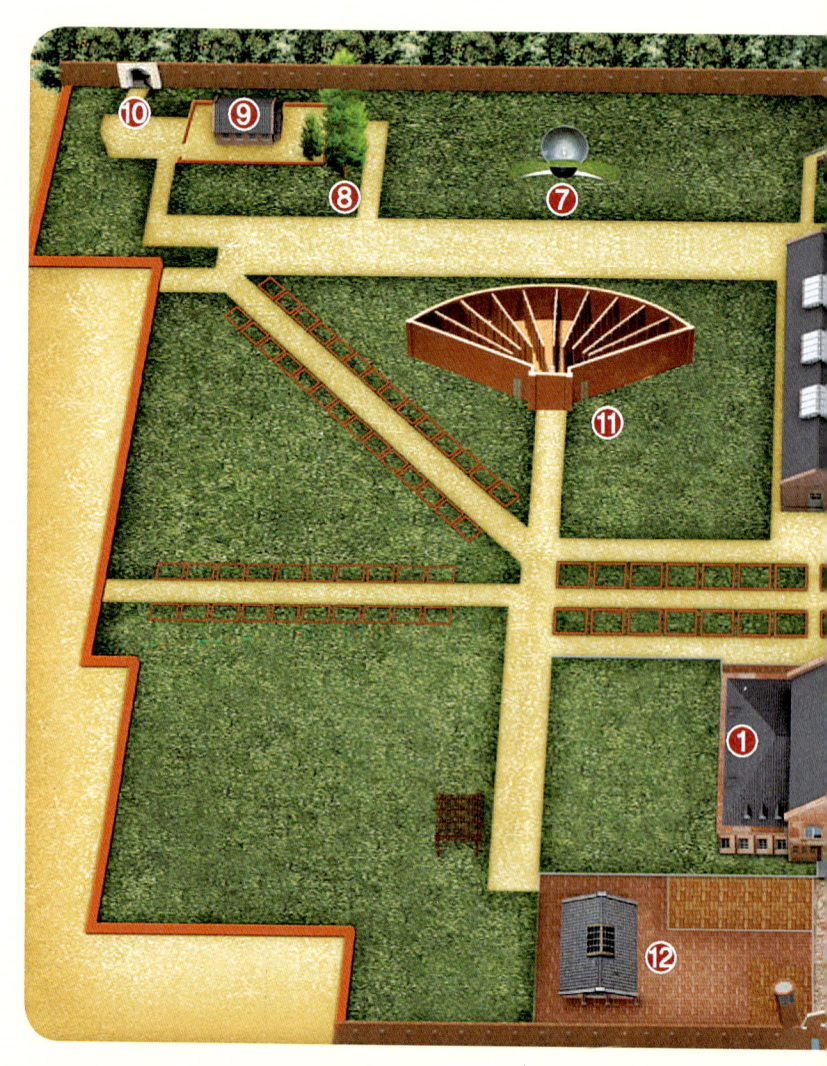

**❶ 전시관**: 예전에 보안과 청사로 사용되던 건물인데 지금은 전시관으로 사용되고 있어요. 1층은 형무소 역사실, 2층은 민족 저항실로 꾸며져 있고, 지하엔 고문실이 재현되어 있어요.

**❷ 중앙사**: 제 10,11,12 옥사를 연결하는 곳으로 옥사 전체를 감시하기 위해 1923년에 신축한 2층 건물이에요. 1층은 간수들의 사무실로 이용하던 곳으로 이곳을 통해 옥사를 출입하였어요.

**❸ 12옥사**: 감옥 내부의 모습을 직접 살펴볼 수 있는 곳이에요.

**❹ 11옥사**: 독립운동가, 민주화 운동가 들이 수감되었던 곳이에요.

**❺ 공작사**: 수감자들에게 고된 노동을 시키던 곳이에요.

**❻ 한센병사**: 한센병을 앓고 있는 수감자를 격리 수용하기 위해 1923년에 신축한 옥사예요.

**❼ 추모비**: 서대문형무소에 수감되었다가 순국하신 독립운동가들을 기리기 위해 만든 전시물이에요.

특히 보안과 청사 지하엔 끔찍한 고문이 행해졌던 현장이 있어요. 어른들도 힘들 수 있는 곳이라 무서운 친구들은 지하실로 내려가지 않아도 돼요. 자, 그럼 전시관으로 *출발!*

❽ **통곡의 미루나무**: 1923년 서대문형무소 사형장 건립 당시 심은 나무. 조선독립을 못 보고 생을 마감해야 하는 애국지사들이 원통함에 이곳을 지날 때마다 통곡했다고 이런 이름이 붙었다고 해요.

❾ **사형장**: 투옥된 애국지사들이 순국하신 곳이에요.

❿ **시구문**: 사형시킨 애국지사들의 시신을 몰래 밖으로 빼돌리기 위해 만들어 놓은 문이에요.

⓫ **격벽장**: 수감자들이 운동하던 곳으로 서로 대화하지 못하도록 높은 칸막이벽을 설치했어요.

⓬ **여옥사**: 여성 독립운동가들이 투옥되어 있던 옥사예요.

⓭ **취사장(전시실, 뮤지엄 샵)**: 취사장 복원 당시 발굴되었던 유물들을 전시하고 있으며, 각종 기념품들을 전시, 판매하고 있어요.

**2장** 서대문형무소의 변천과 민족의 저항 정신을 담아낸

# 전시관 돌아보기

고문당하는 모습을 생각하니 벌써 가슴이 떨려요.

1층은 직원이 근무하던 곳이고, 2층은 소장실, 지하는 고문실이었어요. 지금 1층은 일본 제국주의 침략과 형무소역사에 대한 자료가 전시되어 있어요. 2층은 항일 운동과 민주화 운동의 역사가 전시되어 있고, 지하엔 수감된 독립운동가들을 취조하고 고문하던 조사실을 재현해 놓았어요. 먼저, 1층으로 가볼까요?

# 자유와 평화를 향한 80년

서대문형무소는 1908년부터 1987년까지 80년 동안 감옥으로 사용되었어요. 서대문형무소는 1945년 광복이 되기 전까지 일제에 저항하고 독립을 위해 싸운 분들을 가두는 곳이었어요. 그런데 1945년 광복이 된 이후에도 서대문형무소는 30여 년 간 감옥으로 운영되었어요. 그럼 1945년 이후에는 어떤 사람들이 수감되었을까요? 우리 사회는 광복 이후 긴 시간 동안 독재 정권에 시달려야 했어요. 독재 정권과 맞서 자유와 평화를 위해 애쓰던 수많은 민주화 운동가들이 서대문형무소에 갇혀

전시관 내부로 입장하면 '자유와 평화를 향한 80년, 1908~1987'이란 문구와 마주하게 되지요. 이 수수께끼 같은 말과 숫자에는 어떤 사연이 담겨 있는 것일까요?

고생을 하셨어요. 지금 우리가 누리고 있는 자유와 평화는 이렇게 역사 속에서 수많은 분들의 희생과 수고가 있었다는 것을 잊지 않았으면 좋겠어요. 그래서 전시장 입구에 '자유와 평화를 향한 80년'이라는 글을 상징적으로 적어 둔 것이랍니다. 이 장면을 볼 때 수많은 독립운동가와 이 땅의 민주주의를 위해 노력하셨던 많은 분들을 떠올리면 좋겠어요.

# 열강과 일제의 침략으로 위기를 맞다

이곳 전시실은 서대문형무소가 생기기 직전과 이후 우리나라의 역사적 상황을 안내하고 있어요. 19세기 말 조선은 미국과 프랑스 등 제국주의 열강의 침략을 받았어요.

나라를 팔아먹은 을사오적에 대해 들어본 적이 있어요. 박제순, 이지용, 이근택, 이완용, 권중현이 고종이 참석하지 않은 상태에서 을사조약을 체결하였어요.

고종이 허락하지 않은 을사조약을 체결하였기 때문에 나라를 팔아먹은 오적으로 역사에 남게 된 거로군요.

이완용

이지용

박제순

권중현

이근택

나라를 구한 독립운동가를 기억하는 것도 중요하지만, 나라를 팔아 자신의 이익을 취했던 친일파를 잊지 않는 것도 중요하단다. 이런 부끄럽고 파렴치한 일이 다시는 되풀이되어서는 안 되기 때문이야.

# 온 나라가 감옥이 되다

 일본 제국주의의 침탈이 심해지자 나라를 지키려는 의병운동이 전국에서 일어났어요. 그러자 일제는 수많은 의병들을 함부로 죽였지요. 세계 여러 나라에서 이를 비난하자 의병들을 가두어 둘 감옥이 필요하게 되었어요. 1907년 일제는 정미7조약을 맺어 조선의 외교권에 이어 사법권까지 빼앗아 감옥 업무까지 도맡았어요. 그러곤 나라의 주권을 되찾으려고 저항하는 수만 명의 의병들을 가두려고 대형 감옥을 지은 거예요.

특히 1919년 3·1 만세 운동 직후에는 서대문형무소에만 3,000명이 넘는 사람들이 수용되기도 했어. 서대문형무소뿐만 아니라 다른 감옥도 같은 실정이었어. 일제의 탄압이 강해졌지만, 독립운동은 더욱더 확대되었다는 것을 알려주는 증거이기도 하지.

전국의 감옥 수가 1908년대에 8개에서 1930년대는 28개로 늘어났어요.

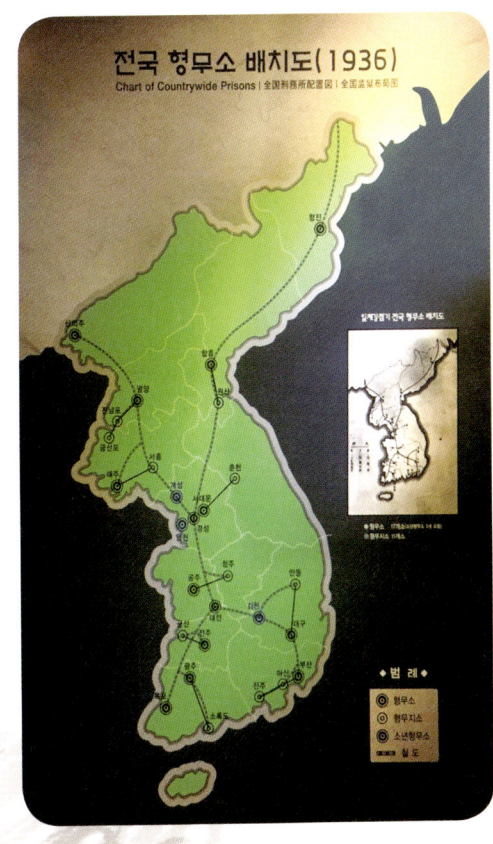

감옥은 철도망을 따라 전국에 생겨났어. 이것은 일제가 조선에 대한 식민통치를 쉽게 하려는 목적과 조선인들에게 공포감을 심어주기 위해서야.

| 전국의 감옥 수 | 1908년대 | 1930년대 |
|---|---|---|
| | 8개 | 28개 |

| 전국의 형무소 수감 인원 | 1913년 | 1930년 |
|---|---|---|
| | 361만여 명 | 609만여 명 |

전국 형무소에 수감된 인원도 1913년에 361만여 명에서 1930년에는 609만여 명으로 늘어났어요.

　1907년 일제가 고종을 강제 퇴위시킨 뒤에 정미7조약을 체결하고 8월 1일 군대를 해산시켰어요. 그러자 군대해산에 저항한 군인들이 의병부대에 합류하면서 정미년에 의병활동이 활발하게 일어났어요. 형무소가 문을 연 1908년 10월 21일 당시는 대대적으로 의병들이 검거되었을 때예요. 서대문형무소는 사람을 구금하여 징벌하였다는 점에서 근대적 감옥이라 할 수 있어요.

　일제는 서대문형무소를 시작으로 감옥을 늘려갔어요. 1908년 지금의 서대문형무소인 경성감옥을 비롯해서 전국 8개 지역인 경성, 평양, 대구, 공주, 해주, 광주, 진주, 함흥에 감옥을 설치하고 지역에 또 다른 분감을 두어 나라 전체에 감옥을 지었어요. 1930년대에는 전국에 형무소

14개, 형무지소 11개, 소년형무소 3개 등 총 28개로 늘어났어요. 조선총독부 통계연보에 따르면 전국의 형무소에 수감 인원이 1913년에 361만여 명에서 1930년에는 609만여 명으로 늘어났어요. 당시 조선 인구가 1,878만 명이었으니, 3명에 1명꼴로 감옥살이를 한 셈이에요. 일제 강점기 말에는 독립운동으로 체포된 분들이 무려 10만여 명 가량이나 되었어요. 우리나라 전체가 거대한 하나의 감옥이 된 거예요.

## 잠깐!

### 서대문형무소가 지어지기 이전, 조선의 감옥 형태는 어떠했을까?

조선시대 형벌에는 회초리로 엉덩이를 때리는 태형과 곤장으로 때리는 장형이 있었어요. 또 강제로 일을 시키는 도형과 먼 지방으로 보내는 유배와 사형이 있었지요. 하지만 사람을 가두는 형벌은 없었기 때문에 감옥이 없었답니다. 감옥은 없었지만 임시로 사람을 가두는 '전옥서'라는 곳이 있었어요. 전옥서의 규모가 작았기 때문에 일제는 거대한 근대식 감옥을 만들어야 했어요.

전옥서

# 현저동 101번지

서대문형무소 오는 길에 특별한 문이 있어요. 바로 독립문이에요. 그래서 이곳 가까이 있는 지하철 3호선 역 이름도 독립문역이에요. 서대문형무소역사관에 오는 길에 독립문을 본 친구들도 있을 거예요. 예로부터 이곳은 수많은 사람들이 지나던 중요한 길목이었어요. 그런데 일제는 이렇게 중요한 길목에 왜 형무소를 지었을까요?

독립문은 영은문이 있던 자리에 세워졌어요. 영은문은 명나라의 사신이 지나는 자리로 조선시대 중종 때 명의 사신을 환영한다는 뜻을 담아 지었는데 청일전쟁(1894~1895) 이후 독립협회가 영은문 자리에 독립문을 건설하게 되었어요. 당시까지 청나라를 중심으로 맺어온 관계를 바꾸겠다는 다짐이었어요. 그런데 일제가 이곳에 감옥을 지은 이유는 무엇이었을까요?

독립문 아래 많은 사람들이 지나는 것을 볼 수 있어요. 이곳은 무악재를 넘어오는 의주로라고 하는 큰 길이었어요. 이곳에 영천시장이 형성되었는데 도성에서 쓸 땔감이 거래되는 매우 큰 시장이었지요.

이렇게 사람들이 많이 드나드는 곳에 서대문형무소를 지어 우리나라 사람들을 겁주고 일제에 맞서지 못하게 하려고 했던 거예요.
 서대문형무소 가까이 있는 인왕산 뒤편으로는 궁궐이 있어요. 일제는 조선의 상징인 궁궐 뒤에 서대문형무소를 지어 자신들의 힘을 과시하려고 했어요. 앞으로는 인왕산, 뒤로는 안산이 자리 잡고 있어 도망치기 어려운 곳이기도 했고요. 일제가 이 자리에 서대문형무소를 지은 데에는 이런 속셈들이 들어 있었어요.

## 터는 좋은데 3천 명의 홀아비가 탄식할 곳!

조선시대 무학대사가 서대문형무소가 지어질 자리를 보고 "터는 좋은데 3천 명의 홀아비가 탄식할 곳"이라는 말을 남겼다고 해요. 이곳은 그 전설처럼 수많은 이들이 어려움을 겪은 곳이에요. 서대문형무소에는 안창호, 한용운, 김구 선생님 등 일제 강점기 독립운동가들과 민주주의와 평화를 위해 힘쓴 수많은 사람들의 아픔과 상처가 고스란히 남아 있어요. 일제는 나라를 구하려고 싸운 의병들을 생포하여 현장에서 즉결 처형하는 등 학살을 일삼았어요. 그러다 국제적인 비난 여론이 커지자, 감옥을 더 많이 지었어요. 일제 강점기 동안 수많은 사람들이 투옥되었고, 400여 명이 사형 집행으로 목숨을 잃은 곳이니 무학대사의 예언이 틀리다고 할 순 없겠지요.

1960년 무악재

터는 좋은데 3천 명의 홀아비가 탄식할 곳이구나!

잠깐!

# 자유와 평화를 위한 민주화 운동의 상징

 서대문형무소는 80년 동안 유지되면서 해방 이후 펼쳐진 민주화 운동과도 많은 관련이 있는 곳이에요. 식민지 지배에 대한 저항뿐만 아니라 해방 이후 독재 정권의 탄압에 맞서 민주주의와 평화를 위해 힘쓴 많은 분들이 고통을 당했던 곳이기 때문이에요. 그 가운데 대표적인 두 사건에 대해 이야기를 나누려고 해요. 이 두 사건은 우리나라 민주주의 역사에서 대표적인 사건이에요.

 먼저 '진보당 사건'에 대해 알아볼까요? 이 사건은 이승만 정권이 장기 집권을 하기 위해 평화 통일을 주장하는 사람들에게 북한의 명령을 받은

진보당 사건의 판결 장면
맨 앞에 있는 인물이 조봉암 선생님

조봉암 선생님 묘비명

간첩과 접선했다는 누명을 씌운 사건이에요.

 진보당을 이끌었던 조봉암 선생님은 가난한 농부의 아들로 태어났어요. 독립운동을 하다 신의주 감옥에 갇혀 모진 고문을 당하기도 했어요. 해방 이후에는 제 2대와 3대 대통령 선거에 출마하여 큰 지지를 얻었지요. 이에 이승만 대통령은 장기 집권에 방해가 되는 조봉암을 제거하고 싶었어요. 그렇게 해서 간첩으로 몰려 억울하게 구속된 조봉암 선생님은 사형 선고를 받고 1959년 7월 31일에 이곳 서대문형무소에서 돌아가셨어요.

 당시에도 많은 사람들이 이는 잘못된 재판으로 사형을 반대했지만 이승만 정권에서는 이를 받아들이지 않고 사형을 집행했어요. 오랜 세월이 지나 우리 사회가 민주화되어 2011년 다시 열린 재판에서 '진보당 사건'은 대법관 13명의 전원일치로 무죄로 밝혀졌어요.

다음으로 1974년에 일어난 '인혁당 재건위' 사건에 대해 알아볼까요?
이 사건은 박정희 군사 정권이 자신을 반대하는 사람들이 많아지자 이를 막기 위해 거짓으로 꾸민 것이에요. 박정희 정권은 북한의 명령을 받은 인민혁명당이 대학생들을 조종하여 반란을 일으키려 했다고 발표했어요. 있지도 않은 사실들을 고문을 통해 조작하여 만들어냈지요. 심지어 이 사건은 1975년 4월 9일, 대법원 판결 직후 겨우 18시간 만에 이곳 서대문형무소에서 사형을 집행해서 세상에 큰 충격을 주었어요.

그리고 고문의 흔적이 남아 있는 시신을 가족에게 전하지 않으려고 희생자 모두를 화장시켰어요. 이 소식을 들은 국제법학자협회에서는 이 날을 '사법사상 암흑의 날'로 선포했어요.
 다행히 2007년에 다시 재판을 하면서 당시 사건이 조작되었음을 밝히고, 관련자들은 모두 무죄를 선고받았어요. 이 두 사건 이외에도 이승만 독재 정권과 박정희 군사 정권은 정권의 위기 때마다 간첩 사건을 조작하여 그 피해자들이 수없이 서대문형무소를 거쳐 갔어요.

이수병씨가 교수대에 올라가기 전 남긴 마지막 유언을 잊지 말아야 해.
"나는 유신 체제에 반대한 것밖에 없고, 민족과 민주주의를 위해서 투쟁한 것밖에 없는데 왜 억울하게 죽어야 되느냐! 우리의 이번 억울한 희생은 반드시 정의가 밝힐 것이다!"

자, 이제 전시관 2층으로 올라가 볼까요? 2층으로 올라가면 일제의 침략 과정에서 독립을 지키려 했던 의병들과 독립투사들의 활약을 만날 수 있어요.

**1층 형무소 역사실**

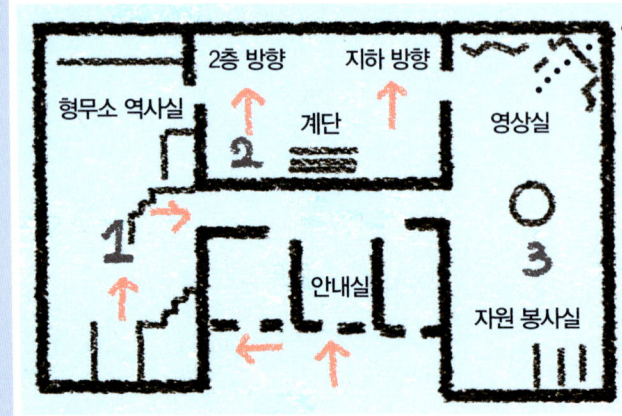

1908~1987년까지 서대문형무소의 변천과정, 각종 사건과 인물들을 소개하고 있어요.

6·10 만세 운동, 신간회, 수양동우회, 조선어학회 등 1920~1940년대 독립운동에 대한 내용과 사형장, 시신 수습실 모형을 전시하고 있어요.

## 2층 민족저항실

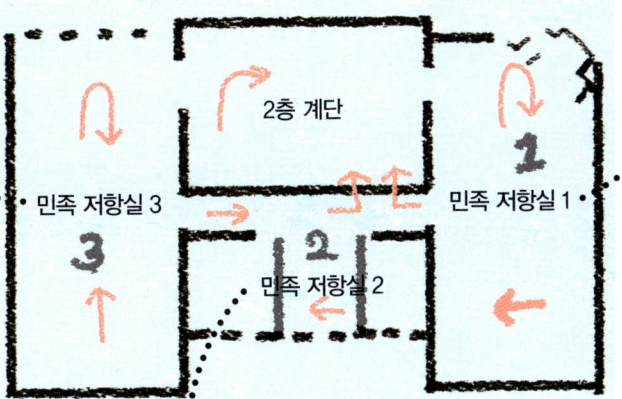

# 의병들의 항쟁 (1894~1910년대)

 의병은 나라가 외적의 침입으로 위기에 처했을 때 국가가 만든 군대가 아니라 백성들이 스스로 외적과 싸우기 위해 조직한 민간 군대예요. 역사적으로 몽골의 침입, 임진왜란과 병자호란 때 의병 활동이 활발하게 일어났어요.

우리나라는 오랜 역사를 이어오면서 수많은 외세의 침략을 당하였고, 그때마다 의병이 일어나 외적과 맞서 싸워왔어요. 특히 나라가 위태로웠던 1890년대와 1900년대에 전국적으로 의병이 일어나 일제의 침략에 저항했어요.

일제의 침략에 맞선 의병은 크게 3차에 걸쳐 일어났어요. 1895년 명성황후 시해 사건과 단발령을 계기로 일어난 1차 의병(을미의병), 1905년 을사늑약에 저항하여 일어난 2차 의병(을사의병), 1907년 정미7조약과 군대해산을 계기로 일어난 3차 의병(정미의병)이 있지요. 이러한 의병들의 투쟁은 비록 실패로 끝났지만 국권을 상실한 이후에도 의병의 정신은 계속 이어져 독립군으로 발전하게 되었어요.

1차 의병
(1894~1896)

명성황후 시해,
갑오변란, 단발령
유생 중심으로 조직

2차 의병
(1904~1907)

을사늑약
평민 의병장의 출현

3차 의병
(1907~1909)

고종의 강제 퇴위
군대 해산
13도 창의군으로
한양까지 진격

1908년 정월, 전국의 의병들이 양주에 모여 13도 창의군이라는 전국의 병연합부대를 만들어 서울을 되찾기 위해 작전을 펼쳤어요. 한성 탈환 작전은 실패하였고, 이 전투에 참여했던 허위 선생님은 안타깝게도 체포되어 이곳 서대문형무소에서 처형되셨어요. 허위 선생님은 이곳 서대문형무소에서 순국한 첫 번째 사형수였어요.

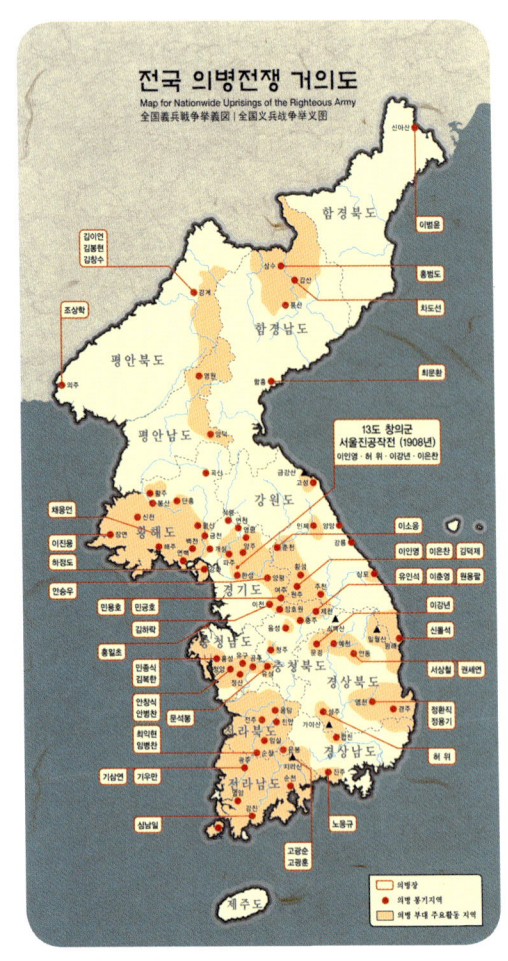

의병 거의도

## 역사적으로 유명한 분들의 이름을 딴 길 이름

길 이름 중에 역사적으로 유명한 분들의 이름을 붙이는 경우가 많아요. 충무로와 을지로 그리고 세종로 등을 들어본 적이 있지요? 지금의 충무로는 일제 강점기에 일본인들이 많이 모여 살던 곳이었어요. 그래서 해방을 맞고 나서 일본 사람들이 가장 두려워했던 충무공 이순신 장군의 호인 '충무'를 따서 길 이름을 지었어요. 왕산로는 허위 선생님의 호를 따서 지은 길 이름이에요. 비록 당시에는 그 길을 뚫지 못했지만, 의병들이 가고자 했던 그 뜻을 길이길이 남기고자 한 의미가 담겨있어요.

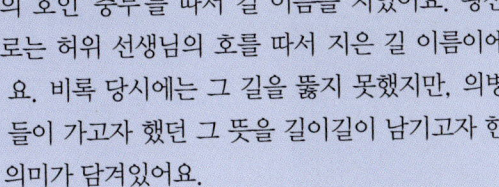

허위

왕산로라는 도로명을 들어봤니? 왕산로는 동대문에서 청량리까지의 길 이름인데 허위 선생님의 호를 따서 지은 거야.

잠깐!

매켄지가 찍은 의병 사진 (1908)

정말 늠름해요.

나라를 지키겠다는 기개가 느껴져요.

저랑 나이가 비슷한 의병도 있어요.

이 사진은 어떤 장면일까요? 이 장면은 영국의 매켄지 기자가 찍은 사진으로 의병들의 기개를 잘 보여줘요. 중무장한 일제와 맞서는 것이 현실적으로 매우 어려운 일이지만, 노예가 되느니 자유민으로 싸우겠다며 인터뷰를 했던 당시 의병들의 늠름한 모습에 취재를 했던 매켄지 기자도 큰 감동을 받았다고 해요.

나라를 구하는데 신분이 따로 있을까요? 조선시대는 신분관계가 매우 엄격했었지만 의병전쟁을 주도하는 사람들이 양반에서 점차 평민으로 확대되어 갔어요.

양반가에서 품팔이를 하던 안규홍 의병장은 호남지방 주변의 머슴들을 모아 의병을 일으켰고, 백두산 호랑이로 불리던 홍범도 의병장은 대한독립군이라는 항일단체를 만들어 간도지역에서 의병 활동을 했어요. 13도 창의군에 참여했던 의병들 역시 신분과 관계없이 참여하였는데 대표적인 인물이 신돌석이라는 의병장이에요. 태백산 호랑이로 불리던 신돌석은 많은 의병전투에서 혁혁한 공을 세웠고 서울을 되찾고자 하는 작전에 참여하기 위해 1,000여 명의 의병들과 함께 올라갔으나 평민이라는 이유로 참여하지 못하는 안타까운 일도 있었어요. 홍범도 장군도 이 때 참여했지만 역시 평민이라는 이유로 참여하지 못했어요. 한편 의병 운동은 점차 일본군의 토벌 작전으로 인해 국내 활동이 어려워져 점차 북쪽의 만주지역으로 옮겨 해외 무장 투쟁 세력으로 발전하게 되는 원동력이 되었어요.

# 목숨을 건 민족 정신

의병들은 초라한 무기를 손에 든 채 죽음이 예정된 항쟁 속으로 뛰어들었어요.

평민 출신의 의병장 신돌석

머슴 출신의 의병장 안규홍

평민 출신의 독립운동가 홍범도

체포된 채응언 의병장

의병장의 현상 수배 벽보

채응언 의병장은 조직적인 의병항쟁을 전개한 마지막 의병장이셔.

일제의 토벌로 붙잡힌 호남지역 의병장(1909)
앞줄 왼쪽부터 오성술, 이강산, 모천년, 강무경, 이영준 의병장
뒷줄 왼쪽부터 김원국, 양진녀, 심남일, 조규문, 안계홍, 김병설, 강사문, 나성화 의병장

"우리는 죽겠지요. 그라지요. 일본의 노예로 사느니 죽는 게 낫습니다."

일본군은 1909년 남한 대토벌이란 이름으로 대대적인 진압 작전을 벌였어. 의병은 물론 일반 청년과 부녀자들까지 무자비하게 죽였지.

구식 화승총과 곡괭이, 삽, 죽창 등으로 싸우셨네요.

의병이 사용한 무기

# 105인 사건 (1911년)

일제는 데라우치 총독의 암살을 음모했다는 혐의로 700여 명을 검거하여 1차 공판에서 105명을 서대문형무소에 수감했어요. 이 사건은 힘차게 독립운동을 주도하던 신민회를 해산시키고, 항일 운동 세력을 탄압하려고 거짓으로 만들어낸 사건이에요.

105인 사건으로 수감된 애국지사들

용수

## 이것은 무엇일까요?

일제는 끌려온 분들을 감옥에 가둘 때, 상체 사진과 지문 등을 조사해 수형기록표를 만들었어요.

또, 수감자를 이송할 때는 탈주하지 못하도록 양발에 족쇄와 양손에 수갑을 채웠어요.

도산 안창호 의사 수형기록표

족쇄

철제 수갑

걸을 수가 없어요!

너무 답답해요!

# 의열투쟁 (1908~1932년)

국내에서 조직적인 무장 투쟁이 어려워지자, 의병 세력이 점차 만주로 이동했어요. 그리고 독립투사들은 개인이나 소규모 단위로 권총이나 폭탄 등 무력을 사용해서 일제의 주요시설을 파괴하거나 총독이나 천황과 같은 주요 인물과 일제에 협조하는 친일파들을 처단함으로써 독립 의지를 나타내려고 했지요. 이것이 바로 의열투쟁이에요.

'의사'는 나라와 민족을 위해 목숨을 걸고 무력으로 항거하다 의롭게 돌아가신 분이에요.

義士

'열사'는 나라와 민족을 위해 맨몸으로 저항하다 의롭게 돌아가신 분이죠.

烈士

'지사'는 국가, 민족, 사회를 위해 몸과 마음을 바쳐 일하는 굳은 의지와 높은 뜻을 가지신 분이에요.

志士

이재명 의사는 총독을 암살할 계획을 세웠으나 안중근 의사가 먼저 이토 히로부미 총독을 암살하자 계획을 바꿔 나라를 팔아먹은 매국노 이완용을 처단하려 했어요. 1909년 12월 22일, 이재명 의사는 동지 몇 사람과 함께 서울 명동성당 앞에서 군밤 장수로 변장하고 이완용을 공격했지만 결국 이완용을 처단하는 것은 실패하였고, 체포되어 이곳 서대문형무소에서 23세의 나이로 순국하셨어요. 사형 선고 후 다음과 같은 최후 진술을 하셨어요.

이재명 의사 (1887~1910)

"공평치 못한 법률로 나의 생명을 빼앗지마는 국가를 위한 나의 충성된 혼과 의로운 혼백은 가히 빼앗지 못할 것이니, 한 번 죽음은 아깝지 아니하거니와 생전에 이룩하지 못한 한을 기어이 설욕 신장하리라."

*설욕: 부끄러움을 씻는 것.

공평하지 못한 법률이란 일제가 만든 법률이란 뜻이군요!

생전에 이루지 못한 한은 우리나라의 독립이구요!

독립에 대한 의지와 확신이 느껴져요!

강우규 의사는 1919년 9월에 사이토가 총독으로 부임하기 위해 서울역에 도착하여 마차를 타려는 순간 수류탄을 던졌어요. 거사는 실패하였지만 수행원 37명이 부상을 당했어요. 당시 65세의 나이셨어요. 강우규 의사를 체포한 일본 형사도 65세 노인을 보고 깜짝 놀랐어요. 강우규 의사는 젊은이들의 독립운동이 뜻깊고 소중하지만 당신이 직접 나서서 젊은이들이 새 나라를 만들어 갈 길을 열어 주시려고 했던 거예요. 강우규 의사는 재판장에서 일본 판사에게 머리를 굽혀 인사를 하지 않았어요. 그리고 사형이 집행되는 날에도 자신의 기개를 꺾지 않았어요. 사형대에 선 마지막 감상을 묻는 일제 검사에게 짤막한 시를 남기고 의연히 순국하셨어요.

단두대 위에 서니
오히려 봄바람이 이는구나.
몸은 있으되 나라가 없으니
어찌 감상이 없겠는가!

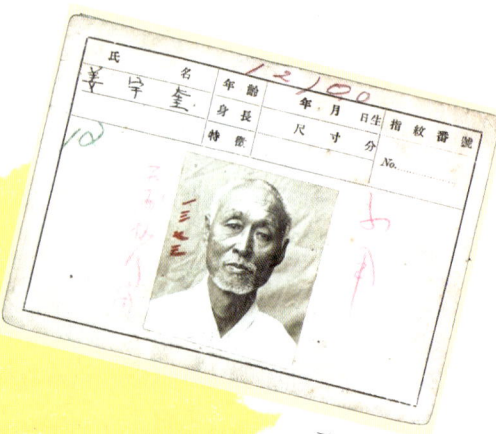

강우규 의사

# 항일 결사 조직과 활동

일본 경찰의 감시가 심해지자 독립운동가들은 비밀리에 국내외에서 조직을 결성하고, 이 조직들을 중심으로 친일파를 처단하고자 했어요. 광복회, 27결사대, 조선민족대동단, 의열단이 대표적인 비밀 항일 결사 조직이에요.

의열단은 이회영 일가가 모든 재산을 처분해 간도에 세운 신흥무관학

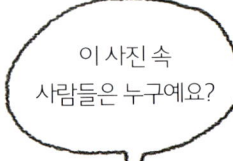

의열단 사진: (위 왼쪽부터) 이성우, 김기득, 강세우, 곽재기, 김원봉 (아래 왼쪽) 정이소, (아래 하단) 김익상

교 출신들이 만든 항일 무장 독립운동 단체예요. 김원봉 단장이 이끈 의열단은 일제가 이름만 들어도 떨 정도로 활약이 대단했어요. 부산 경찰서를 비롯하여, 밀양경찰서, 종로경찰서, 일본 황궁 등에 폭탄 투척 의거를 펼쳐 우리의 독립 의지를 세계에 알렸지요. 특히 1921년 김익상 의사는 전기 배선공으로 위장하고 일제의 사령탑인 조선총독부의 삼엄한 경계를 뚫고 들어갔어요. 폭탄을 투척한 후 유유히 사라져 일제의 간담을 서늘하게 했지요. 하지만 수많은 항일 결사 대원들은 항일 활동을 전개하다 체포되어 안타깝게도 수감 중에 돌아가시거나 사형으로 순국하셨어요.

> 자유는 우리의 힘과 피로 얻어진 것이오.
> 결코 남의 힘으로 얻어내는 것이 아니오.
> 이것을 위해 피를 흘려야 하오. (김원봉 단장)

사진의 인물들을 보면 희망의 기운이 느껴져요.

"생사가 이번 거사에 달렸소. 만약 실패하면 내세에나 봅시다. 나는 자결하여 뜻을 지킬지언정 적의 포로가 되진 않겠소."

김상옥 열사 동상

"김상옥 열사는 일제 경찰력의 중심인 종로 경찰서에 폭탄을 던지고, 일제 경찰과 1000대 1로 싸우다 마지막 남은 총알로 스스로 목숨을 끊으셨어요."

"일제를 타도하지 않는다면 우리 부녀는 봉건제도의 속박과 식민지적 박해로부터 해방되지 못합니다."

박차정 의사 동상

"박차정 의사는 김원봉 의열 단장과 함께 의열단을 이끌며 모든 생을 항일투쟁과 식민지 조국의 억눌린 여성들의 삶을 해방시키기 위해 싸우신 분이에요."

"나는 조국의 자유를 위해 투쟁했다. 2천만 민중아, 분투하여 쉬지 마라!"

"나석주 의사는 우리나라 사람들의 땅을 친일파나 일본사람들에게 넘겨주는 일을 하는 동양척식주식회사에 폭탄을 던지셨어요."

나석주 열사의 동상

"내 뜻을 다 이루었으니 지금 죽어도 한이 없다."

"박재혁 의사는 부산의 치안을 맡고 있는 부산 경찰서에 폭탄을 던지고 대구형무소에 수감되셨어. 하지만 일제의 손에 사형당할 순 없다며 단식을 하다 형 집행 며칠 전에 옥사하셨지."

박재혁 의사 동상

# 3·1 독립 만세 운동 (1919년)

고종이 일제에 의해 독살된 것이라는 소문이 돌자, 사람들은 분노했어요. 3·1 만세 운동은 고종의 장례일에 맞추어 전국으로 번져나갔어요. 민족 대표 33인들은 인사동 근처 식당에서 독립을 선언한 후 곧바로 종로 경찰서로 체포되었지요. 이후 학생들이 독립선언서를 받아가지고 가서 탑골 공원에서 읽자 3·1 만세 운동이 시작되었어요.

이렇게 시작된 만세 운동은 수개월간 전국 방방곡곡에 걸쳐 일어났고, 해외까지 퍼져나갔어요. 나이와 신분을 떠나 각계각층에서 총 200만 명 가량이 참여한 대대적인 항거였지요. 서울 종로 거리에서는

민족대표 33인이셔. 천도교, 기독교, 불교에서 각 15명, 16명, 2명씩 참가했단다.

기생들이 독립 만세를 외치며 행진을 했고, 노동자들은 파업을 하고, 상인들은 시장 문을 닫고 모두 독립 만세의 시위 대열에 뛰어들었어요. 독립을 요구하는 시위는 서울뿐만 아니라 시골에서도 장터나 마을 어귀에서 자연스럽게 펼쳐졌어요. 평화적인 운동이고, 모든 사람이 참여할 수 있는 운동이었다는 점에서 특별한 의미가 있어요.

체포되었던 민족대표 33인은 모두 서대문형무소에 수감되었어요. 이 시기에 서대문형무소에 수감된 인원이 3,000명에 달했지요.

3·1운동을 계기로 같은 해 4월 13일, 상하이에 대한민국 임시정부가 세워지고 이후 해외에서도 독립운동이 여러 가지 형태로 활발해졌어요. 또한 해방 후 최초로 제정된 헌법 전문에도 대한민국 임시정부의 법통과 3·1운동의 정신이 들어갈 정도로 우리 민족사에서 중요한 의미가 있어요.

만세를 부르는 기생들

고종 장례식 전날 모인 사람들

대한

 만세 운동에 쓰일 태극기를 만들기 위해 쓰인 목각판이에요.

# 문재인 대통령 제99주년 3·1절 기념사

(3.1절 기념행사에 참석한 문재인 대통령)

존경하는 국민 여러분, 해외 동포 여러분!

3·1운동 아흔 아홉 돌입니다. 3·1운동은 지금 이 순간 우리의 삶에 생생하게 살아 있습니다. 서대문형무소의 벽돌 하나하나에는 고난과 죽음에 맞선 숭고한 이야기들이 새겨져 있습니다. 대한독립 만세의 외침이 들려오는 것 같습니다. 오늘 우리는 박제화된 기념식이 아니라 독립운동의 현장에서 역사와 함께 살아 숨 쉬는 기념식을 하고자 이 자리에 모였습니다. 일제 강점기 동안 해마다 2천 600여 명이 서대문형무소에 투옥되었습니다. 1945년 8월 15일 해방의 그 날까지 10만여 명 가까이 이곳에 수감되었습니다. 열 명 중 아홉 명이 사상범으로 불린 독립운동가였습니다. 10대 청소년부터 어르신까지, 남쪽의 제주도에서 북쪽의 함경도까지, 나이와 지역을 막론하고 조국의 독립을 위해 실천했던 분들이었습니다. 어머니와 아들, 아버지와 딸, 형제자매가 함께 투옥되기도 했습니다. 수많은 어머니와 아내들이 이곳 형무소 앞 골목에서 삯바느질과 막일을 해가며 자식과 남편의 옥바라지를 했습니다. 수감자뿐 아니라 그 가족들도 모두 독립운동가였습니다.

국민 여러분!

 99년 전 오늘, 마을과 장터에 격문이 붙었습니다. 독립선언서가 손에서 손으로 전달되었습니다. 서울과 평양, 진남포, 안주, 의주, 정주, 선천, 원산 등 전국 각지에서 동시에 독립선언서가 낭독되고 만세 시위가 시작되었습니다. 만세 운동은 순식간에 지방도시와 읍면까지 확대되었습니다. 멀리 중국의 간도와 러시아의 연해주, 미국 필라델피아와 하와이 호놀룰루의 하늘에도 독립 만세의 함성이 울려 퍼졌습니다. 그해 3월 1일부터 5월 말까지 국내에서만 무려 1,542회의 만세 시위가 일어났고, 당시 인구의 10분의 1을 넘는 2백2만여 명이 이에 참가했습니다. 3·1운동의 경험과 기억은 일제강점기 내내 치열했던 항일 독립투쟁의 정신적 토대가 됐습니다. 3·1운동 이후, 수백 수천 명의 독립군이 매일같이 압록강과 두만강을 건넜습니다. 대한국민회, 북로군정서, 대한독립군, 군무도독부, 서로군정서, 대한독립단, 광복군 총영을 구성하여 일제 군경과 피어린 전투를 벌였습니다. 한 사람이 쓰러지면 열 사람이 일어섰습니다. 안중근 의사의 뒤를 이어 강우규, 박재혁, 최수봉, 김익상, 김상옥, 나석주, 이봉창, 이루 다 열거할 수 없는 의사들이 의열투쟁을 이어갔습니다. 1932년 4월 29일 윤봉길 의사의 상해의거가 그 정점이었습니다.

 1937년 한 해 동안에만 국내에서, 무려 3천 600건의 크고 작은 무장 독립투쟁이 있었습니다. 1940년에는 대한민국 임시정부가 대한민국 최초의 정규 군대인 광복군을 창설했습니다. 모두 대한민국 건국의 아버지들입니다. 천안 아우내 장터에서 만세 시위를 주도한 열여덟 살 유관순 열사는 지하 독방에서 고문과 영양실조로 순국했습니다. 열일곱 꽃다운 나이의 동풍신 열사는 함경북도 명천 만세 시위에 참가했고 이곳 서대문형무소에서 순국했습니다. 밤을 지새우며 태극기를 그린 부산 일신여학교 학생들, 최초 여성 의병장 윤희순 의사, 백범 김구 선생의 강직한 어머니 곽낙원 여사, 3·1운동 직후인 3월 9일 46세의 나이에 압록강을 건너 서로군정서에 가입한 독립군의 어머니 남자현 여사, 근우회 사건을 주도한 후 중국으로 망명하여 의열단 활동을 한 박차정 열사, 대한민국 임시정부의 독립자금을 마련하기 위해 국경을 6차례나 넘나든 정정화 의사, 우리에게는 3·1운동의 정신으로 대한민국을 세운 건국의 어머니들도 있었습니다.

 우리 선조들의 독립투쟁은 세계 어느 나라보다 치열했습니다. 광복은 결코 밖에서 주어진 것이 아닙니다. 선조들이 '최후의 일각'까지 죽음을 무릅쓰고 함께 싸워 이뤄낸 결과입니다. (중간 생략)

대한민국은 세계에서 가장 위대하고 아름다운 나라가 될 것입니다. 감사합니다.

# 대한민국 임시정부 수립 (1919년)

　1919년 3·1 만세 운동이 일어나고, 4월 13일에 상하이에 대한민국 임시정부가 세워졌어요. 대한민국 임시정부는 국내외 독립운동의 최고 지휘부로서 역할을 하며, 외교, 교육, 문화 분야에서도 독립운동을 전개해 나갔어요. 임시헌장에 대한민국은 국가의 주권이 국민에게 있다는 것을 명시하였어요. 또, 모든 사람이 평등하며 모든 공민은 선거권이 있으며, 종교, 언론, 저작, 출판, 결사, 집회, 통신, 주소이전, 신체 및 소유의 자유가 있음 천명했지요. 현재 우리 헌법 전문에도 이러한 임시정부의 법통을 잇고 있음을 밝히고 있어요.

　1940년 9월에 창설된 광복군은 일제에게 선전포고를 하고, 일제와의 싸움을 전개해 나갔어요. 그 과정에서 수많은 임시정부 요원들이 서대문형무소에 수감되었고, 감옥에서 순국하셨지요.

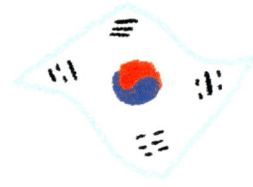

### 독립공채란?

독립공채는 1919년 대한민국 임시정부가 독립운동 자금을 마련하기 위해 중국 상하이와 미국 하와이에서 각각 원화와 달러화로 표시해 발행한 채권이에요. 가장 액수가 큰 1,000원 권 독립공채는 미국 하와이 일대의 동포들이 가장 많이 샀다고 해요.

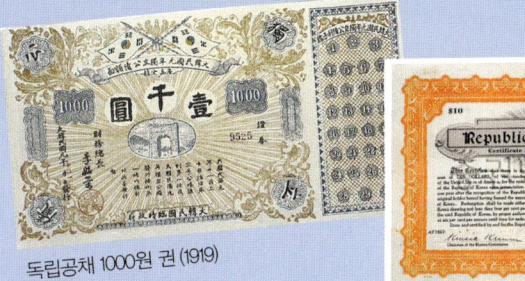

독립공채 1000원 권 (1919)

독립공채 10달러 권 (1919)

대한민국 임시정부 수립 3년 기념 촬영

상하이 대한민국 임시정부 청사 (1919)

# 군자금 확보

1920년 간도의 명동촌 입구에서 조선은행의 현금 수송 마차가 습격당하는 사건이 발생했어요. 이 사건은 윤준희, 임국정, 한상호 등이 대한민국 임시정부의 군자금을 마련하기 위해 벌인 의거였어요. 이들은 군자금 15만원을 확보했어요. 당시 최신 소총 하나가 30원이었다고 하니 15만원은 독립군 5,000명을 한번에 중무장시킬 수 있을 정도로 큰돈이었어요. 확보한 자금으로 독립군을 지원하고 무기를 구입하려다 일제 경찰에게 체포되었어요. 윤희준, 임국정, 한상호 의사는 1921년 8월 25일 서대문 형무소에서 순국하셨어요.

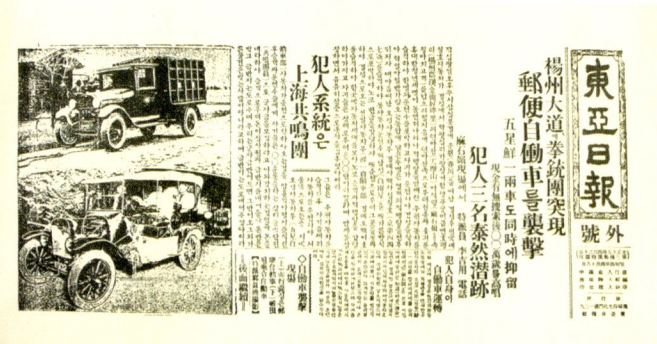

공명단 의거를 보도한 신문 기사
(동아일보 1929. 4. 18)

1929년 4월, 서울 망우리 마석고개 부근에서 최양옥, 김정련, 이선구 등 대한독립공명단원들이 춘천에서 서울로 오는 일제의 우편 수송 차량을 습격하였어요. 차량에 보관된 현금을 탈취하여 독립군의 군자금을 확보했지만 일본 경찰과 일주일 간의 교전을 벌이다 결국 세 분 모두 체포되어 서대문형무소에 수감되셨지요. 이선구 의사는 모진 고문의 후유증으로 옥고를 치루시다 감옥에서 돌아가셨어요.

### '금강호'를 타고 서울 하늘을 난 안창남

대한독립공명단의 현금 수송 마차 탈취 사건을 중국에서 계획하고 후원했던 사람은 놀랍게도 비행사 안창남이에요. 안창남은 발전된 기술이 독립을 앞당길 수 있다고 생각하여 도쿄 오구리 비행 학교에서 공부를 마치고 20세 나이로 비행사가 되었어요.

1922년 12월, 그는 우리나라 지도가 그려진 비행기 '금강호'를 타고 서울 하늘을 날았어요. 그의 비행을 보러 서울의 30만 인구 가운데 5만 명이 모였지요. 그가 서울 하늘을 날자, 일제에 억눌렸던 사람들은 민족의 자긍심을 느꼈어요. 안창남은 비행기에서 서대문형무소를 내려다본 소감을 다음과 같이 남겼어요.

'하늘에서 본 독립문은 몹시 쓸쓸해 보였습니다. 갇혀있는 형제의 몇 사람이나 거기까지 찾아간 내 뜻과 내 몸을 보아주었을지……'

〈개벽〉(1923년 1월)

안창남 (1901~1930년)

떴다 보아라 안창남 비행기!

# 6·10 만세 운동 (1926년)

　6·10 만세 운동은 3·1 만세 운동을 계승하고 있으며, 일제에 의해 독살당한 순종의 장례식 날인 1926년 6월 10일에 일어났어요. 약 30만 명의 인파가 운집한 가운데 500~600명의 학생이 '독립 만세'를 외치며 시작되어 전국 곳곳에서 시위가 이어졌어요.

　서울에서만 212명이 체포되었고, 대부분 서대문형무소에 수감되었어요. 이중에 안동 출신 권오설 열사가 체포되어 모진 고문 끝에 1930년 4월에 감옥에서 돌아가셨어요. 그런데 일제는 고문의 흔적을 감추기 위해 철로 된 관으로 봉인한 뒤 유족에게 인계하고 절대 열어보지 못하도록 했어요. 이런 이야기가 안동 권 씨 문중에서 전설처럼 내려오다, 2008년 부인과 합장을 위해 파보니 정말로 철관이 나왔다고 해요. 철관에는 납땜을 한 자욱이 선명하게 남아 있었어요. 현재 그 철관은 안동 독립기념관에 전시되고 있어요.

너무 잔인해요.

일제는 자신들이 행한 고문을 감추려고 권오설 열사를 두꺼운 철관에 넣어 묻은 거야.

순종의 장례식 돈화문 앞 (1926)

"명성 황후도 일제에 의해 죽임을 당하고 결국 그의 아들인 순종도 일제에 의해 독살을 당했군요."

순종의 장례일에 모인 사람들

만세 운동을 진압하는 일본 경찰

# 원산 총파업 (1929년)

　우리나라 사람들은 땀 흘려 일해도 일본사람들과 비교해 턱없이 적은 돈을 받았어요. 게다가 열심히 일해도 일본인 감독관에게 비난을 받거나 심지어 구타를 당하기도 했어요. 1928년 9월 함경남도 덕원군에 있는 영국 회사인 '라이징선 석유회사'에서 일본 감독 고다마가 한국인 노동자 박준업을 구타한 것을 계기로 파업이 일어났어요. 이 파업은 원산 노동연합회 산하 24개 노조와 조합원 3천 명이 참가하는 등 원산 인구의 3분의 1이 참여한 대단한 사건이었어요. 일반 상인들도 상점 문을 닫고 파업에 동조하였지요.

원산 총파업에 참여한 사람들

원산 총파업은 땀 흘려 일하는 사람들이 차별받지 않고 존중받으며 함께 살아가는 독립된 세상을 꿈꾸었던 당시 사람들의 용감한 실천이었음을 잊지 말아야 해요!

1929년 1월부터 4월까지 지속된 파업 기간 동안 원산 노동자들을 위해 전국 각지를 비롯해 중국, 프랑스 등 해외에서 수많은 사람들이 성금을 보내왔어요. 비록 일제의 탄압으로 실패했지만 노동자가 독립운동의 중요한 원동력임을 상징적으로 보여준 사건이에요.

**잠깐!**

### 을밀대 지붕 위에 올라간 노동자 강주룡

1931년 평양 을밀대에는 구름처럼 많은 사람들이 몰려들었어요. 노동자 한 명이 절벽 위에 세워진 을밀대 지붕 위에 올랐기 때문이에요. 저 사람은 도대체 왜 위험을 무릅쓰고 높은 곳에 올라간 것일까요?

이 분은 평양 고무 공장의 노동자인 강주룡이에요. 일제 강점기 당시 노동 상황은 너무나 힘들고 어려웠어요. 일제는 조선인 노동자에게 임금을 조금밖에 주지 않았어요. 특히 여성 노동자들에게는 그 정도가 더 심했지요. 이에 강주룡은 동료들과 함께 이런 상황을 바꾸기 위해 목숨을 걸고 을밀대에 올라 시위에 나섰어요.

"우리 임금이 깎이면 평양에 있는 다른 고무 공장 노동자들 임금도 깎일 것입니다. 나는 비록 많이 배우지는 못했지만 내가 권리를 포기해서 다른 사람들에게까지 피해를 줄 수는 없다는 것을 잘 알기에 이렇게 을밀대 위로 올라선 것입니다."

얼마나 억울한 마음이면 저렇게 위험한 곳에서 목숨을 걸고 시위를 했을까요?

놋그릇까지 빼앗은 일제

미시마 탄광에 끌려간 강제 징용 노동자

일제는 전쟁 물자를 위해 우리나라의 쌀은 물론 쇠나 구리로 만든 솥이나 그릇도 빼앗아 갔어. 또 일본에 있는 탄광, 철도 건설 현장이나 무기 제조 공장에 강제로 끌고 가 노예처럼 일을 시켰지.

우리나라 사람들은 살기가 정말 힘들었겠어요.

나라를 빼앗긴다는 건 이렇게 끔찍한 거군요.

전쟁터로 끌려가는 조선인

"우리나라 사람들을 강제로 전쟁터로 내몰았군요. 끌려가신 분들은 대부분 다시 고향으로 돌아오지 못했겠네요."

북해도 탄광에 끌려간 강제 징용 노동자

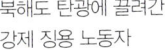

"현재 일본 정부는 강제 징용을 비롯해서 일본군 위안부 피해자 문제에 대해 제대로 사과하지 않고 있지. 1992년부터 지금까지 수요일마다 사람들이 일본 대사관 앞에 모여서 일본 정부의 배상과 진정한 사과를 외치는 '수요시위'를 펼치고 있단다."

일본군 위안부 피해자들을 기리는 '평화의 소녀상'

# 경성 트로이카 (1933년)

　경성은 당시 서울을 부르는 명칭이고, 트로이카란 세 마리의 말이 힘을 합해 끄는 러시아의 썰매예요. 1933년 이재유, 이현상, 김삼룡 등은 비밀리에 독립운동을 펼치기 위해 '경성 트로이카'란 조직을 만들었어요. 조직마다 세 명의 대표를 두어 민주적으로 운영한다는 뜻이에요. 1934년 대대적인 일제의 검거 작전으로 120여 명이 체포되어 안타깝게도 조직이 해체되었어요. 하지만 이재유 의사는 경성제국대학의 일본인 교수 미야케의 집 마룻바닥 밑에 숨어있어 체포를 면할 수 있었지요. 미야케 교수는 일본인이지만 일제가 한반도를 식민지배하는 것을 반대했어요. 그래서 경성 트로이카에 함께 참여하고 이재유 의사를 숨겨주었던 거예요. 이재유 의사는 여러 차례 체포와 탈출을 반복할 정도로 대단한 인물이었어요. 하지만 1936년 12월에 체포되어 서대문형무소에 갇혀 모진 고문을 당했고, 1944년 청주형무소에서 출감 후 순국하셨어요.

앞줄 왼쪽에서 두번째가 이재유
이재유를 체포한 일본 형사들이 이를 기념하기 위해 찍은 사진

이재유 의사

# 잠깐!

### 이재유 의사는 어떻게 삼엄한 서대문 경찰서를 탈출했을까요?

배달되는 우유의 양철 병뚜껑과 짓이긴 밥알을 이용해 수갑 내부의 모양을 떠서 열쇠를 만들었어요.

당직 경찰이 잠깐 자리를 비운 사이에 유유히 경찰서를 빠져나갔어요.

그리고 경찰의 눈을 피할 수 있는 미야케 교수의 집에 숨어 지냈어요.

미야케 교수처럼 우리나라의 독립을 도왔던 양심적인 일본인들의 행동도 잘 기억해두어야겠어요.

# 김교신과 「성서조선」 (1942년)

1936년 베를린 올림픽 마라톤 경기에서 우승을 한 손기정 선수가 "다른 사람은 아무도 보이지 않고, 오직 스승의 눈물만 보고 뛰어 우승할 수 있었다." 라고 이야기했던 이 스승은 누구일까요?

바로 교사 김교신이었어요. 양정고보에서 학생들을 가르치던 김교신 선생님은 학생들에게 우리말로 우리나라 위인들의 이야기를 들려주며 좌절한 식민지 청년들에게 희망을 심어 주었어요. 당시는 일본어로만 수업을 시키고 한국말로는 이야기조차 못하게 했던 시절이었어요. 김교신 선생님은 「성서조선」이란 잡지를 펴내어 사람들에게 새로운 희망을 주려고 했어요. 일제는 독립을 꿈꾸는 우리 민족을 겨울잠 자는 개구리에 비유하여 독립 의지를 고취시켰다는 구실로 「성서조선」을 불태우고, 폐간시켰어요. 그리고 김교신, 함석헌, 유달영 등 뜻을 함께 한 18명을 서대문형무소에 가두었어요.

「성서조선」 창간 동인들:
뒷줄 왼쪽부터 양인성과 함석헌
앞줄 왼쪽부터 류석동, 정상훈, 김교신, 송두용

'성서조선'아, 너는 소위 기독교 신자보다는 조선의 혼을 가진 조선 사람에게 가라. 시골로 가라, 산골로 가라, 거기에서 나무꾼 한 사람을 위로함을 너의 사명으로 삼으라.

「성서조선」 창간사 중에서

# 조선어학회 사건 (1942년)

조선어학회는 우리글과 말을 되살려 독립 정신을 일깨우기 위해서 사람들에게 한글을 가르치고 한글 맞춤법 통일안을 정리했어요.

일제는 조선 민족을 말살하고자 1938년에 학교에서 조선어 과목을 폐지하고, 1940년에는 이름조차 일본식으로 바꾸는 창씨개명을 강요하였어요.

말과 글을 못 쓰게 해서 우리 민족의식을 없애려는 거네요. 나라를 잃는다는 것은 정말 슬픈 일이에요.

일제가 우리말을 말살하고 창씨개명을 강행하자, 이에 항거하고자 스스로 목숨을 끊으신 분도 계셔요.

이런 노력과 희생들이 뒷받침되어 우리말과 글을 지켜낸 거로군요.

조선어학회에서는 한글 연구와 보급에 힘쓰며 잡지 '한글'을 만들고 '가갸날(한글날)'을 정해 기념했어요. 이로 인해 조선어학회는 일제 강점기에 많은 탄압을 받았지만 이에 굴하지 않고 한글 연구를 끊임없이 펼쳐왔어요. 한글은 일제 식민 지배에 맞서 우리 민족의 힘을 하나로 모아 나라를 되찾는데 큰 힘이 되었어요. 광복을 맞이한 후, 〈조선어학회〉는 1949년 그 이름을 〈한글학회〉로 바꾸고 지금까지 활동을 이어가고 있어요.

현재 통일을 염원하며 남과 북의 한글학자들이 '겨레말큰사전'을 만들고 있어. 독립을 일구는데 한글이 큰 역할을 했듯이 평화 통일을 열어가는 데도 큰 역할을 하게 될거야.

우리 말과 글이 더 자랑스럽게 느껴져요.

같은 말을 사용하는 같은 민족이 평화롭게 사는 날이 빨리 왔으면 좋겠어요.

# 사형장 지하 시신 수습실

 이곳은 잠시 후 보게 될 사형장의 지하 시신 수습실을 그대로 본떠 만들었어요. 실제 사형장 내부로 들어갈 수는 없기 때문에 이곳에 모형을 만들어 놓은 거예요. 이곳에 오면 으스스한 분위기가 느껴져요. 일제가 만든 이 사형장을 보면서 과연 누가 누구를 심판했는지 다시 생각해보면 좋겠어요.

사형 제도는 전 세계적으로 존재하는 형벌이지만, 20세기 이후 사형 제도를 폐지하는 국가가 많아지고 있단다. 사형 제도에 대해 다시 한번 생각해 보는 계기가 되었으면 좋겠구나.

이제 지하 고문실로 가 볼까요? 이곳은 아주 오래 전 지어진 건물이어서 계단이 좁고 왼편으로 걸어야 해요. 더불어 어린이 친구들 중에는 밀랍인형이나 소리 등으로 인해 깜짝 놀라는 경우도 있어요. 지하 고문실을 가지 않을 친구들은 1층에서 문을 열고 밖으로 가서 곧바로 중앙사로 들어가도 되어요.

① 물고문실
② 임시 구금실
③ 취조실
④ 고문실
⑤ 그림자 영상 체험
⑥ 그림자 영상 체험
⑦ 고문 체험
⑧ 지하 독방

일제 강점기 보안청사의 지하 취조실은 취조 과정에서 자행되었던 각종 고문의 실상을 전시하고 있지. 또 독립운동가의 육성 증언을 통해 폭압적인 식민지 통치의 실상을 느낄 수 있는 곳이야.

다리가 후들거려요.

# 보안과 청사 지하 고문실

　이곳은 일제가 자행한 폭력과 나라를 되찾기 위해 피 흘리며 싸웠던 우리 민족의 고통이 어떠했는지 잘 보여주고 있어요. 일제는 무섭고 끔찍한 고문을 통해 저항의식을 억누르고 독립운동세력을 송두리째 없애려고 했어요. 여기에서 수많은 독립운동가들을 고문했어요.

　감옥 안에 취조실과 바로 옆에 임시 구금실과 독방이 있었던 이유는 왜일까요? 취조는 경찰서에서 이루어져야 하는데, 독립운동가들을 종로경찰서로 데리고 다니는 게 번거로우니 감옥에서 곧장 취조를 한 거였어요.

　취조실에서 고문이 이루어지면, 바로 옆 임시 구금실에 있는 사람들이 더 없는 공포감을 느껴야 했어요. 이런 효과를 위해 취조실 바로 옆에 임시 구금실을 둔 것이에요.

취조실

너무 끔찍한 일이에요!

가늘고 긴 꼬챙이로 손톱 밑을 찔러 고통을 주는 고문 도구예요.

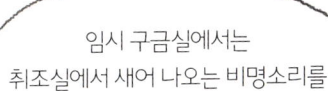

손톱 찌르기 고문

임시 구금실에서는 취조실에서 새어 나오는 비명소리를 들으며 공포에 시달려야 했어요.

임시 구금실

벽관 고문

**잠깐!**

> 일제 강점기에 독립운동가들을 고문했던
> 친일 경찰관들은 어떻게 되었을까요?

너무나 슬픈 일이지만 이 사람들은 해방 이후에도 경찰 간부로 재고용되어, 민주주의와 평화를 위해 힘쓰던 사람들을 잡아들여 고문했어요. 일제가 사용했던 고문 수법 또한 그대로 전해졌지요. 대표적인 인물이 노덕술이에요. 노덕술, 일본명 마쓰우라 히로는 김원봉 의열단장 등 수많은 독립운동가들을 고문했던 수사관이에요. 해방 이후에는 수도경찰청 수사과장을 지내며, 반민특위 습격 등에 가담하였고, 1948년 7월, 수도경찰청장 장택상 저격 혐의로 체포된 박성근을 고문치사한 후 시신을 한강에 던진 혐의로 경무국 수사국에 체포되었지만 석방되었어요. 과거를 제대로 심판하지 않아 이후 1987년에도 버젓이 수많은 학생과 민주화 운동가들이 고문으로 목숨을 잃는 일이 일어났어요. 다시는 이런 슬픈 역사가 반복되지 말아야 해요.

자, 이제 중앙사 건물로 가볼까요? 중앙사는 간수들의 사무공간으로 이용되었던 곳이에요. 형무소에 수감되었던 분들이 이곳에서 어떻게 지냈는지 살펴볼 수 있게 의식주에 대한 전시가 되어 있어요.

① 간수 사무실
② 형무소의 의식주
③ 옥사로 가는 길
④ 중앙 감시대
⑤ 서신실

## 3장 옥사 전체를 감시하고 통제하는
# 중앙사 돌아보기

중앙사는 1923년 제 10, 11, 12옥사와 연결하여 옥사 전체를 감시하고 통제하기 위해 신축된 2층 건물이야.

1층은 간수들의 사무 공간으로 이용되었고, 간수들은 이곳을 통해 옥사로 출입했어요. 일제 때 형무소에 갇힌 사람들이 독립운동을 포기하고 일제에 협력하게 만들기 위한 공간이기도 했어요. 2층은 전체 공간을 강당으로 꾸며 천황의 위대함을 알리고, 수감자들에게 일제를 찬양하는 사상을 갖도록 강제 교육을 시키는 장소로 사용되었어요.

# 간수 사무소

 1937년 서대문형무소에는 소장과 부소장, 13명의 간수장, 그리고 실무직 261명이 일했다고 해요. 소장과 부소장, 간수장과 중간 관리직은 모두 일본인이었고, 수감자와 직접 대면하며 현장에서 일을 하는 일반직 교도관은 대부분 우리나라 사람들이었어요.

**잠깐!**

### 파놉티콘 구조

 서대문형무소의 옥사와 격벽장(운동시설)은 감시를 쉽게 하기 위해 모두 파놉티콘 구조의 건물이에요. 파놉티콘 구조는 영국의 제러미 벤담이 제안한 방사형의 건물 구조로 감시를 쉽게 하기 위한 건물 형태예요.

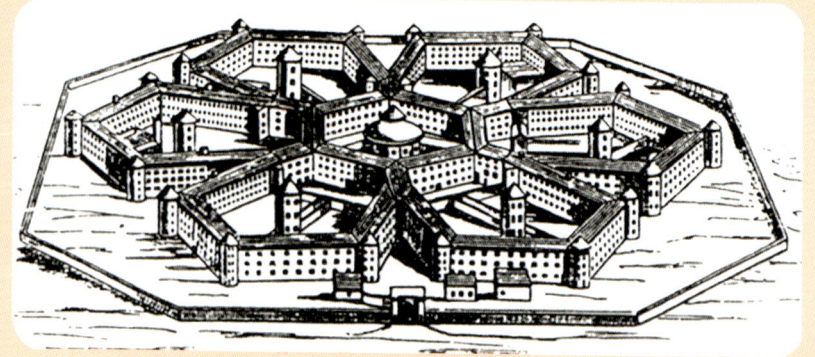

파놉티콘 구조

중앙사는 옥사와 연결되어 있어요. 중앙사에서는 옥사들을 한눈에 다 볼 수 있지만 옥사에 있는 수감자들은 간수가 위치를 확인하기 어렵게 설계되었지요. 격벽장의 경우에도 부채꼴 모양으로 구성되어있어 감시자가 격벽장에 있는 죄수들을 내려다 볼 수 있는 구조예요.

격벽장

중앙사와 옥사

# 기록으로 보는 옥중 생활

옥중에서 남긴 글들을 통해 서대문형무소에서의 수감 생활을 엿볼 수 있어요.

### 심훈, <옥중에서 어머니께 올리는 글월>

> 쇠고랑을 차고 용수는 썼을망정 난생처음 자동차에다가 보호 순사까지 앉히고 거들먹거리며 남산 밑에서 무악재 밑까지 내려 굵는 맛이란 바로 개선문으로 들어가는 듯하였습니다.
>
> 어머니!
>
> 날이 몹시도 더워서 풀 한 포기 없는 감옥 마당에 뙤약볕이 내려 쪼이고 주황빛의 벽돌담은 화로 속처럼 달고 방 속에는 똥통이 끓습니다. 밤이면 가뜩이나 다리는 뻗어 보지 못하는데, 빈대 벼룩이 다투어 가며 진물을 살살 뜯습니다. 그래서 한 달 동안이나 쪼그리고 앉은 채 날밤을 새웠습니다. 그렇건만 대단히 이상한 일이지 않습니까? 생지옥 속에 있으면서 하나도 괴로워하는 사람이 없습니다. 누구의 눈초리에나 뉘우침과 슬픈 빛이 보이지 않고, 도리어 그 눈들은 샛별과 같이 빛나고 있습니다.

심훈(1901~1936년) 선생님은 1919년 3·1운동에 참여하고, 3월 5일 남대문 학생시위에서 구속되어 8개월 형을 받아 투옥되었습니다. 1935년 동아일보에 장편소설 『상록수』가 당선되자 상금으로 농촌 학생들의 교육을 돕기 위해 '상록학원'을 설립하였습니다.

## 김구, <백범일지>

많은 죄수가 앉아 있을 때엔 마치 콩나물 대가리 나오듯이 되었다가 잘 때에는 한 사람은 머리를 동쪽 한 사람은 서쪽으로 해서 모로 눕는다. 그러고도 더 누울 자리가 없으면 나머지 사람들은 일어서고, 좌우에 한 사람씩 힘이 센 사람이 판자벽에 등을 붙이고 두 발로 먼저 누운 자의 가슴을 힘껏 민다. 그러면 누운 자들은 '어이구, 가슴뼈 부러진다.' 라고 야단이다. 하지만 미는 쪽에서는 또 누울 자리가 생기니, 서 있던 자가 그 사이에 드러눕고 몇 명이든지 그 방에 있는 자가 다 누운 후에야 밀어주던 자까지 다 눕는다. 모말과 같이 네 귀퉁이를 물려 써서 지은 방이 아니면 방이 파괴될 터였다. 힘써 밀 때는 사람의 뼈가 상하는 소리인지 벽판이 부러지는 것인지 우두둑 소리에 소름이 돋는다.

김구(1876~1949년) 선생님은 재판장에서 일본 검사가 "당신 직업이 무엇이냐?"라고 묻자 "나의 직업은 독립운동가이다."라고 대답하였습니다. 의열 단체 <한인애국단>을 이끌었고 대한민국 임시 정부의 주석을 역임하였습니다.

## 지봉하, <옥중 편지>

저는 얼마 전까지는 아주 건강한 몸으로 지냈으나 가을이 되면서부터는 어찌된 일인지 몸이 점점 쇠약하기 시작하여 수개월 전부터는 책을 읽지도 못하고 가만히 앉아서 괴로운 세월을 보내고 있습니다. 요전에 송금해 주신 돈 4원은 실수 없이 수령 하였는데 동관 형님께서 2원을 더하여 6원이 왔습니다. 그 형님의 일은 얼마나 감사한지. 아버지, 참으로 죄송하옵고 황송한 말씀이나 몸을 좀 보하여야겠습니다. 몸을 보하는 데는 돈이 좀 있어야 할 터인데. 약 10원 가량을 12월 초승께 부쳐서 20일 안으로 여기에 도착되도록 하여 주십시오. 돈이 더 있으면 얼마든지 좋겠지만 그것이야……

# 리영희, <서대문형무소의 기억> 중에서

"당신은 혹시 길이 여덟 자, 너비 넉 자 크기의 관 속에 들어가 누워 본 일이 있습니까? (중략) 여름이면 낮에도 컴컴한 이 관 속 방바닥에서 '식사'라는 것을 차려 놓고 먹을라치면, 막힘이 없이 통해 있는 변소의 구멍에서 누런 구더기떼가 줄줄이 기어 나와 더불어 생존하기를 요구합니다. (중략) 시체를 넣는 관이 아니라, 지난 세월, 비인간적인 독재 정권 아래서 수 천, 수 만의 정치수, 사상수, 양심수, 확신수들이 처넣어져서 신음해야 했던 이 나라의 교도소와 형무소의 감방, 독방의 모습입니다. (중략) 이 관은 21세기를 바라보는 세계 문명사의 가려진 치부입니다."

리영희(1929~2010년) 선생님은 언론인으로 민주화 투쟁에 앞장섰으며, 한양대학교 교수로 재직하였습니다. 박정희 정권에 의해 1976년 해직되는 등 군사 정권 기간에 4번 해직되고, 5차례나 구속을 당했습니다.

# 형무소의 의식주

감옥에서 수감자는 입고 먹고 지내는 의식주를 철저히 통제당했어요. 수인복은 적색과 청색 두 가지에요. 형무소 수감자 가운데 형이 확정된 기결수는 적색 수인복, 형 확정이 되지 않은 미결수는 청색 수인복을 입었어요. 겨울철에는 수감자 개인이 옷감 안쪽에 솜을 넣어 입는 경우도 있었는데 그나마 돈이 없는 수감자들은 홑겹 수인복으로 매서운 겨울을 버텨내야 했어요. 수인복은 서대문형무소에서 제작되어 전국의 형무소에 보급되었어요.

수감자들의 밥은 콩과 좁쌀, 현미의 비율이 5:3:2의 비율로 하루 세 번 배급되었어요. 일하는 노역 시간을 아끼기 위해서 밥은 거의 일하는 공간에서 먹게 하였어요. 형무소의 밥은 형량과 노역강도에 따라 밥의 양을 정하여 지급했어요. 이를 위해 밥을 찍는 틀을 사용했지요. 이렇게 틀로 찍어서 주는 감옥 밥을 '가다밥'이라고 불렀어요. '가다'란 일본어로 '틀'이란 뜻이에요. 독립운동을 하다 수감된 경우 밥의 양이 가장 적었어요.

밥 찍는 틀인데 바닥의 두께가 달라 밥의 양을 조정할 수 있어요. 바닥의 두께가 두꺼울수록 밥의 양은 적어져요.

수감자들은 대부분의 시간을 감방과 일하는 곳에서 보냈어. 대부분의 시간은 노역이었고, 하루에 운동 시간은 딱 30분이었어. 변기가 감방 안에 있어서 여름에는 용변통에서 냄새가 진동하고 위생이 엉망이었지. 또 여름과 겨울에 냉난방이 전혀 되지 않아 건강을 유지하기가 어려웠단다.

감방

이제, 옥사로 가볼까요?

독립운동가와 민주화 운동가들이 수감되었던 곳이에요. 현재 10, 11, 12 옥사가 남아있어요. 이곳은 1919년 3·1 독립 만세 운동으로 수감자가 크게 늘자 1922년 2층으로 지은 건물이에요.

감시와 통제를 쉽게 하기 위해 파놉티콘 구조를 도입하여, 중앙사를 중심으로 각 옥사를 부채꼴 모양으로 지었어요. 천정은 수감자들의 움직임이 잘 보이도록 채광창을 설치해 복도를 밝게 했어요.

2층에서 감시할 수 있는 옥사 구조

파놉티콘 구조는 감시하기에 편리한 구조군요.

중앙사 1층에서 본 옥사

## 11옥사

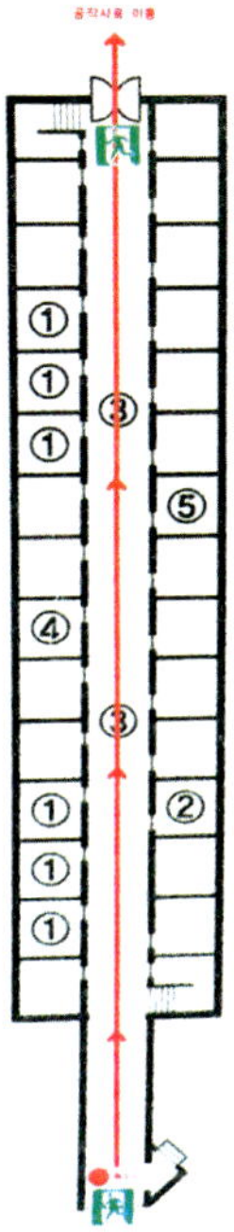

◆ 전시내용 ◆

① 감옥 수감 체험

② 패통

③ 순찰하는 간수

④ 식구통

⑤ 태형 체험

## 12옥사

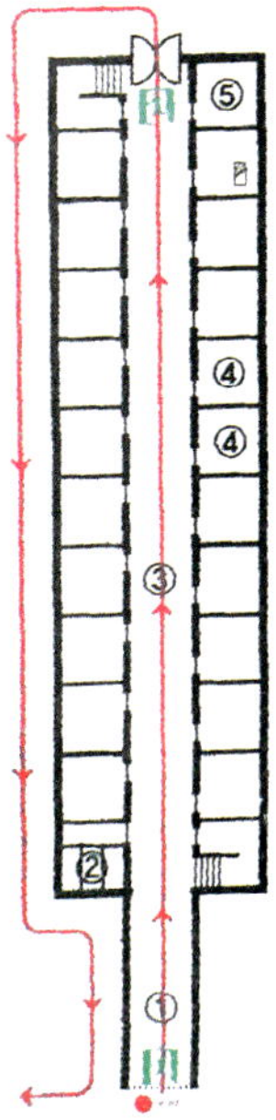

◆ 전시내용 ◆

① 형무소 수감 모습

② 12옥사 독방 '먹방'

③ 순찰하는 간수

④ 타벽통보법

⑤ 옥사 내 독립 만세

## 4장 독립운동가를 가둔
# 옥사 돌아보기

당시 옥사는 모두 15개 동이었지만, 1987년 경기도 의왕시로 이전하면서 9, 10, 11, 12옥사만 남게 되었어요.

# 12옥사

12옥사에는 '먹방'이라고 불리는 독방이 있어요. 이곳은 수감자들을 체벌하기 위해 만든 방이에요. 24시간 한 줌의 빛도 들어오지 않아 먹물처럼 깜깜하다고 해서 '먹방'이라고 불렀어요. 어떤 구조인지 직접 체험해 볼 수도 있어요.

먹방은 한 사람이 겨우 누울 수 있는 공간인 1평도 안 되는 좁은 곳에 사람을 가두어 신체를 억압하고 정신적으로 엄청난 압박을 주기 위한 곳이에요.

독방의 용변 배출구

일제는 이 방에 독립운동가들을 한 달 동안 가두기도 했어요. 빛도 들어오지 않는 방에서 손발을 묶어 가두는 경우가 많았어요. 그런 경우엔 밥을 개처럼 먹어야 했어요. 또 옆에 용변을 담아 두는 통이 있어서 여름에는 구더기가 기어 다니기도 했어요. 이곳에 감금되면 심한 정신적 고통을 겪을 수밖에 없었어요.

시찰구를 통해 밖에 있는 간수는 안을 잘 볼 수 있지만, 안에 있는 수감자는 간수만 볼 수 있게 되어 있어요.

안에서 본 시찰구

안에서 누르는 패통 버튼

패통은 감방 안의 위급한 상황을 간수에게 알리기 위한 도구예요. 패통 버튼을 안에서 누르면 패통의 막대기가 내려가서 위급 상황임을 알리는 거예요.

위급상황 시 패통 모양

평상시 패통 모양

이 두 사람은 지금 무얼 하는 걸까요? 간수 모르게 의사소통을 하고 있어요. 바로 타벽통보법이에요. 미리 정해 놓은 암호를 이용해 벽을 두드려 수감자 끼리 의사소통을 하는 것을 말해요.

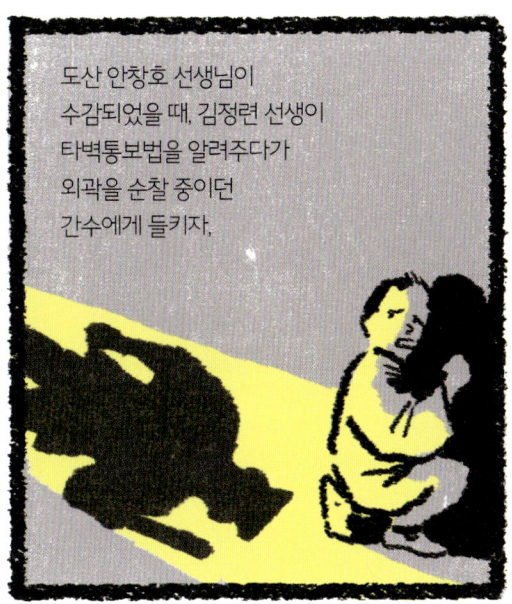
도산 안창호 선생님이 수감되었을 때, 김정련 선생이 타벽통보법을 알려주다가 외곽을 순찰 중이던 간수에게 들키자,

김정련 선생이 똥통을 뒤집어엎고 소란을 피워 간신히 위기를 모면했다는 이야기가 전해져 내려오고 있어요.

정말 위험한 순간이었네요. 김정련 선생님이 안창호 선생님을 보호하려고 소란을 피우셨군요.

갇혀있다는 건 신체적 자유만 제한하는 것이 아니라 소통의 자유까지 제한하는 것이군요.

감시받는 상황에서 서로 정보를 주고받으며 독립의 의지를 불태우신 독립운동가들이 정말 존경스러워요.

# 11 옥사

11옥사에서는 해방 이후 우리 현대사에서 민주주의와 평화를 일구기 위해 노력하신 분들과 마주할 수 있는 곳이에요.

감옥이 아닌 자유의 땅을 밟고자 했던 분들의 뜻을 담아서 이곳 11옥사에는 풋 프린팅 전시가 되어 있어요. 더불어 독재 정권에 맞서 용감하게 민주주의를 일궈나가셨던 소중한 분들의 이야기가 안내되어 있어요. 이 분들이 걸어오신 발걸음을 기억하며 전시를 살펴보면 좋겠어요.

독재 정권에 맞서 민주화 활동을 하다 수배와 투옥을 반복하신 김근태 선생님이셔. 특히 1985년 민청학련 사건으로 23일간 물고문과 전기고문까지 받으셨지.

평화시장 노동자들의 노동조건 향상을 외치며 분신한 노동자 전태일의 어머니이신 이소선 선생님이야. 평생 노동자들의 어머니로 사시며 민주화 운동 중에 희생된 사람들의 가족 모임인 전국민족민주유가족협의회를 만드셨어.

감옥에서 여름과 겨울 가운데 어느 계절이 더 힘들었을까요? 신영복 선생님은 『감옥으로부터의 사색』이란 책에서 옥살이는 겨울보다 여름이 더 견디기 힘들다고 하셨어요. 6~7명 정도를 수용하는 방에 40~50명이 수감되기도 하였는데 겨울에는 사람의 체온이 고맙고 따뜻하지만 여름에는 그보다 더 뜨거울 수 없기에 옆 사람을 증오하게 만들기 때문이라고 하였어요.

신영복 선생님은 독재 정권에 맞섰다는 이유만으로 죄 없이 20여 년 간 억울하게 감옥에 갇혔지만 오히려 그 안에서 좌절하지 않고 희망을 몸소 열어가며 많은 사람들에게 큰 감동을 주셨단다.

**5장** 강제로 동원해 일을 시키던 곳

# 공작사 돌아보기

일제가 중국 대륙을 침략하기 위해 전쟁을 확대하던 1930년대 후반부터는 모든 형무소에서 전쟁에 필요한 군수물품을 생산하였어요. 바로 이곳 공작사에서 수감된 분들들 강제로 동원해서 일을 시켰어요.

공작사는 수감되어 있는 분들을 강제로 동원해 일을 시키던 곳이에요.

서대문형무소에 투옥된 분들은 공작사에서 잠자는 시간을 제외한 대부분의 시간을 강제로 동원되어 일을 해야 했어요. 일을 조금이라도 더 시키기 위해 급식도 여기에서 했어요. 하루 최소 10시간에서 14시간 이상 노동에 시달렸어요. 전국의 감옥은 강제 노동에 시달리는 비참한 곳이었어요.

이곳 서대문형무소에선 면직물과 가죽 등을 생산했어요. 전국의 죄수복이 대부분 이곳에서 만들어졌어요. 마포의 경성형무소에서는 벽돌과 종이를 만들었어요. 경성형무소에서 만들어진 붉은 벽돌은 전국의 형무소 옥사나 관공서 건물의 건축에 사용되었어요. 전라도 지역의 감옥에서는 수산물을 만들고 강원도 지역의 사옥에서는 광산물을 생산했어요.

경성감옥에서 만든 벽돌

옥사터에서 볼 수 있는 이런 벽돌에는 '서울 경(京)'자가 새겨져 있는 것을 볼 수 있어. 마포에 위치했던 경성감옥에서 만든 벽돌이라는 뜻이야. 그러니까 경성감옥의 수감자들의 고된 노동의 흔적이지.

한센병을 앓는 수감자를 수용하는 병사

# 한센 병사 돌아보기

공작사를 나와 9옥사와 10옥사를 뒤편으로 하고, 앞에 보이는 언덕 위에 있는 것이 한센병사예요. 한센병을 앓는 수감자를 수용하는 병사였어요. 눈, 코, 입, 귀와 손발이 심하게 변형되는 한센병이 전염된다고 생각했기 때문에 한센병에 걸린 수감자를 격리 수용한 거예요.

> 감옥에서 제대로 치료도 안 해주었을 텐데, 얼마나 고생이 심하셨을까요?

## 7장 감사하는 마음을 담은 상징물

# 추모비 돌아보기

　여기에는 모두 199분(2012년 기준)의 명단이 쓰여 있지만 실제로는 약 400명 정도가 사형 당했다고 해요. 그런데 199분의 명단만 있는 이유는 일제가 전쟁에서 패망한 후 자신들이 행한 사형기록을 소각했기 때문이에요. 그리고 독립과 민주화를 위해 싸우신 분 가운데 사회주의 사상을 가진 김원봉, 조봉암 같은 분의 명단을 제외하였기 때문이기도 해요. 이름이 세상에 알려졌던 알려지지 않았던 우리가 자유와 평화를 누리고 살 수 있는 것은 그 분들의 희생 덕분이에요. 감사하는 마음을 담아 잠시 추모의 시간을 가지면 좋겠어요.

# 8장
독립을 이루지 못하고 생을 끝내는 원통한 마음

## 통곡의 미루나무와 사형장 돌아보기

이곳의 미루나무는 1923년 사형장이 만들어질 때 심어졌어요. 30미터 높이의 미루나무가 지금도 우리를 맞이하고 있지요. 사형장으로 끌려가는 애국지사들이 마지막 가

는 길에 이 미루나무를 붙잡고 조국의 독립을 이루지 못하고 생을 끝내는 원통한 마음으로 통곡을 하셨다고 해요. 그래서 이 나무를 '통곡의 미루나무'라고 불러요. 수많은 억울한 죽음의 마지막을 지켜보아야 했던 이 나무도 마음이 너무 아팠을 거예요.

 사형이 집행되던 사형장은 현재 사적 324호로 지정되어 관리되고 있어요. 사형 집행 과정은 정문을 통해서 검사나 교도소장이 들어오고 오른쪽 문으로 시형수가 들어오면 간단한 인정 심문 후에 종교인이 종교의식을 거행했어요. 의식이 끝난 후 사형 집행 선고를 한 후 사형이 집행되었어요. 이곳에서는 무려 3천여 명에 달하는 수감자의 사형이 집행되었어요.

**9장** 시신을 외부로 몰래 반출하기 위해 뚫어 놓은 비밀 통로

# 시구문 돌아보기

사형이 집행되고 나면 가족이나 친구에게 연락하고 시신을 인도했어요. 하지만 사형 집행 후 그 사실을 숨겨야 할 경우 시신을 외부로 몰래 반출하기 위해 뚫어 놓은 비밀 통로가 바로 시구문이에요. 또 시신을 인도할 유족이 없는 경우에도 시구문을 통해 옮겨 공동묘지에 묻었어요. 일제는 자신들의 잘못을 감추려고 해방 직전에 입구를 막았어요. 그러다 1992년 공원으로 만드는 작업 도중 발견되어 복원되었어요.

> 감옥에서 고생하시다 마지막 가는 길조차 시구문을 지나야 했던 억울한 목숨들을 생각하니 울분이 터져요.

## 10장 수감자들이 운동할 수 있는 시설

# 격벽장 돌아보기

커다란 부채 모양을 하고 있는 이곳은 서대문형무소 수감자들이 운동할 수 있는 시설인 '격벽장'이에요. 부채꼴 모양의 격벽장은 10개의 칸막이용 벽이 설치되어 있어요. 따라서 수감자들이 운동할 때 서로 만날 수 없었지요. 중앙 앞쪽의 단상 위에 서면 수감자를 편리하게 감시할 수 있었어요.

운동도 감시를 받으면서 해야 했군요. 감옥에서는 한 순간도 자유가 없네요.

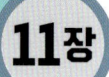

**11장** 여성 수감자를 수감하는 곳

# 여옥사 돌아보기

여옥사는 1916년 여성 수감자를 투옥하기 위해 만들었다가 1979년 철거되었어요. 그러다 1990년 지하 독방이 발굴되어 이후 원형 복원을 진행하여 2013년에 일반인에게 공개되었어요.

총 8개의 방으로 구성된 여옥사에는 여성 애국지사들의 활동을 시대별로 기록해 놓았어요. 그리고 유관순 열사가 수감된 8호 감방을 볼 수 있어요. 8호 감방은 3·1 독립 만세 운동 때 여성 지도자들이 수감되었던 방이에요. 아우내 장터에서 독립 만세 운동을 이끌었던 유관순 열사도 공주감옥에 갇혔다가 1919년 8월 서대문형무소로 이감되어 이곳 8호 감방에 수감되셨어요.

여성독립운동가 가운데는 임신한 채 수감되는 경우도 있었어요. 출산은 외부에서 하고, 다시 수감되어 신생아와 함께 최대 1년을 같이 생활할 수 있었다고 해요.

# 5호 감방

5호 감방은 벽과 천장이 모두 거울로 이루어져 있어요. 여성 독립운동가들의 수형기록표가 전시되어 있는데 그 표정 속에서 독립에 대한 결연한 의지가 그대로 드러나고 있어요. 일제 강점기에 여성들은 민족차별 뿐만 아니라 성차별에 시달리며, 폭압적인 일제와 맞서 싸웠어요.

서대문형무소에 수감되었던 여성 독립운동가들은 학생, 간호사, 농민, 노동자, 행상, 기자, 점원, 전도사, 교사 등 다양한 계층의 평범한 사람들이었어요. 의열단으로 활동한 최복동 의사, 기생으로 독립 만세 운동을 펼친 김향화 의사, 세브란스 간호사들의 독립 만세 운동을 주도한 김순호와 노순경 의사, 무궁화 심기운동을 전개한 남궁경순 의사, 버스차장으로 노동운동을 주도하다 수감되어 고문으로 순직한 고수복 열사 등 일제의 무자비한 고문에도 굽히지 않았던 그분들의 희생에 저절로 머리가 숙여져요. 독립운동에는 남녀의 구별이 없다고 말씀하신 윤희순 의사의 말을 되새겨보면 좋겠어요.

"나라를 구하는 데에는 남녀의 구별이 있을 수 없다"
여성 의병 대장 윤희순

# 7호 감방

　7호 감방에는 두 독립운동가의 동상이 있어요. 손을 맞잡고 서로를 바라보고 있는 이 분들은 이효정, 박진홍 선생님이에요. 두 분은 동덕여고 동창생으로 이병희, 이순금 의사 등과 함께 노동운동을 전개하다 체포되었어요. 그러다 1935년에 이곳 여옥사에서 다시 만나 기쁨을 나누며 독립운동의 뜻을 굽히지 말자고 서로 다짐하셨어요.

# 8호 감방

　8호 감방에는 유관순 열사와 함께 개성 지역에서 만세 운동을 주도한 어윤희, 권애라, 신관빈, 심명철과 수원 지역에서 만세 운동을 주도한 김향화, 파주 지역에서 만세 운동을 주도한 임명애 의사가 함께 수감되어 있었어요. 유관순 열사는 3·1 독립 만세 운동 1주년이 다가오자, 어윤희 등과 옥중 독립 만세 운동을 계획했어요. 유관순 열사는 감방 안 비밀 통신 방법인 타벽통보법을 이용해 옆방에 있던 이신애와 스승이었던 박인덕 선생님 등 여감방 전체에 연락했어요. 드디어 1920년 3월 1일이 되자, 먼저 8호 감방에서 만세 소리가 터져나오고 곧 서대문형무소 전체로 퍼져나갔지요. 이로 인해 유관순 열사는 모진 고문을 당하고 그 후유증으로 감옥에서 옥사하셨어요.

# 서대문형무소역사관을 나오며

이곳에 갇혀 있던 분들은 자유를 잃어버린 식민지 조국을 해방시키기 위해 노력했던 분들과 독재로부터 평화로운 대한민국의 민주주의를 만들기 위해 애썼던 분들이에요. 지금 우리가 누리는 자유와 민주와 평화는 저절로 이루진 것이 아니라 이렇게 많은 분들의 희생으로 얻어진 것임을 기억해야 해요.

모두 안녕!
다음 탐방에서
또 만나요.

우리는 일제 강점기의 주요 건물인 총독부나 동양척식주식회사 등을 모두 없앴어요. 건물을 없앤다고 과거의 부끄러운 역사가 모두 사라지진 않아요. 오히려 잘못된 역사를 반복하지 않기 위해선 잘못을 바로잡기 위해 노력해야 해요. 서대문형무소를 없애지 않고 역사 박물관으로 만든 것도 바로 그런 의미예요. 오늘 서대문형무소역사관 탐방을 통해 여러분도 우리 역사를 다시 보는 기회가 되었을 거예요.

서대문형무소역사관을 탐방한 여러분이 과거를 기억하고 새로운 미래를 만들어 가는 주인공이 될거라 믿어. 여러분 다음 탐방에서 또 만나요!